第五批上海市属高校应用型本科试点专业建设(财务管理专业)项目

二十一世纪财经类应用型本科系列教材

基于大数据的内部控制

徐礼礼 谢富生 胡煜中／编著

图书在版编目(CIP)数据

基于大数据的内部控制 / 徐礼礼,谢富生,胡煜中编著. —上海:立信会计出版社,2021.7
二十一世纪财经类应用型本科系列教材
ISBN 978-7-5429-6670-7

Ⅰ.①基… Ⅱ.①徐… ②谢… ③胡… Ⅲ.①企业内部管理-高等学校-教材 Ⅳ.①F272.3

中国版本图书馆 CIP 数据核字(2021)第 145917 号

策划编辑　　方士华
责任编辑　　张善涛
封面设计　　南房间

基于大数据的内部控制
JIYU DASHUJU DE NEIBU KONGZHI

出版发行	立信会计出版社			
地　　址	上海市中山西路 2230 号	邮政编码	200235	
电　　话	(021)64411389	传　　真	(021)64411325	
网　　址	www.lixinph.com	电子邮箱	lixinaph2019@126.com	
网上书店	http://lixin.jd.com		http://lxkjcbs.tmall.com	
经　　销	各地新华书店			
印　　刷	上海天地海设计印刷有限公司			
开　　本	787 毫米×1092 毫米　1/16			
印　　张	7.25	插　　页	1	
字　　数	172 千字			
版　　次	2021 年 7 月第 1 版			
印　　次	2021 年 7 月第 1 次			
印　　数	1—2 100			
书　　号	ISBN 978-7-5429-6670-4/F			
定　　价	30.00 元			

如有印订差错,请与本社联系调换

前　言

随着信息技术的不断发展,共享模式的运用使行业间联系越来越密切,大数据时代的来临已然掀起众行业变革的巨浪。由于互联网的普及,企业的内部控制和与之对应的解决措施也逐步更新和完善。内控的设计、操控、监察都与内部数据信息平台和技术紧密相连,大数据背景下企业内部控制进入新的阶段。在当前时代下,企业如何借助大数据信息平台实现内部控制的最终目标,同时防范网络风险,已经成为企业内控革新的重要研究内容。《基于大数据的内部控制》就是一本大数据时代企业内部控制应用的书籍。本书从内部控制的理论、技术和应用三个方面展开讨论,理论部分着重讨论了企业内部控制的概念、大数据时代内部控制存在的问题和企业的风险管控要点,应用部分着重讨论了大数据与会计信息化、大数据环境下的云审计、大数据影响下的财务共享、基于大数据的银行内部控制和基于大数据的高校内部控制建设等内容。

本书是一本大数据时代下内部控制理论和实践相结合的书籍,适合内部控制的从业人员、内部控制入门读者或者对内部控制有浓厚兴趣的读者学习和参考,也适合想从事大数据领域相关学习的读者获取相关知识。徐礼礼完成了本书第一至第三章的撰写工作,谢富生完成了第四至第六章的撰写工作,胡煜中完成了第七至第九章的撰写工作,翁跃明参与了本书框架结构设计,并多次审阅本书。由于编著者学识、水平有限,本书难免存在一些不足之处,恳请广大读者批评指正,联系邮箱 xliliketty@163.com。

编　者

2021 年 1 月

目 录

第一章 企业内部控制概述 ………………………………………………………… 1
- 第一节 内部控制概述 ……………………………………………………………… 1
- 第二节 内部控制实践的重要立法与研究 ………………………………………… 7
- 第三节 内部控制体系构建流程 …………………………………………………… 16

第二章 大数据时代的内部控制 ………………………………………………… 25
- 第一节 大数据技术概述 …………………………………………………………… 25
- 第二节 大数据下的内部控制特点 ………………………………………………… 37
- 第三节 人工智能技术及其在内部控制中应用 …………………………………… 40
- 第四节 大数据下基于个性化需求的内部控制信息披露 ………………………… 45

第三章 企业的风险管控要点 …………………………………………………… 49
- 第一节 企业风险管控的概念 ……………………………………………………… 49
- 第二节 企业内部审计的改变 ……………………………………………………… 51
- 第三节 企业内部审计存在的问题及原因 ………………………………………… 59
- 第四节 企业内部审计的风险管理措施 …………………………………………… 60

第四章 大数据与会计信息化 …………………………………………………… 63
- 第一节 从会计电算化到会计信息化 ……………………………………………… 63
- 第二节 云会计平台——会计信息化的新趋势 …………………………………… 67
- 第三节 云会计在中小企业会计信息化的应用 …………………………………… 72
- 第四节 云会计产品的可信性等级模型 …………………………………………… 74

第五章 大数据环境下的云审计 ………………………………………………… 76
- 第一节 大数据、云计算对审计模式的影响 ……………………………………… 76
- 第二节 电子数据审计与云审计平台 ……………………………………………… 77
- 第三节 基于云审计和云会计平台的信息生态系统 ……………………………… 81
- 第四节 云审计平台的风险及其应对 ……………………………………………… 83

第六章　大数据影响下的财务共享 …… 86
第一节　财务共享的内涵及发展 …… 86
第二节　财务共享中心的建立和运作 …… 89
第三节　企业实现财务共享的影响因素 …… 94
第四节　企业财务共享中心存在的问题及对策 …… 94

第七章　基于大数据的银行内部控制 …… 98
第一节　银行内部控制现状 …… 98
第二节　基于大数据的内部控制审计方式 …… 99
第三节　基于大数据的增值型内部审计 …… 101
第四节　基于大数据的信用卡审计方法 …… 103

第八章　基于大数据的高校内部控制 …… 106
第一节　大数据时代高校内部控制面临的问题 …… 106
第二节　大数据时代影响高校内部控制的成因 …… 107
第三节　大数据时代高校加强内部控制建设的措施 …… 109

第一章 企业内部控制概述

学习目标

(1) 了解内部控制的历史和现状。
(2) 熟悉内部控制结构与重要立法。
(3) 掌握内部控制构建流程。

内部控制的实践,可以追溯到远古文明时期对公共资金的管理,古埃及、古希腊、古罗马的历史中均有发现,中国在《周礼》中也有记述。目前,人们对于企业内部控制的产生和发展历程的认识逐渐趋于一致,即认为内部控制的发展可以分为 5 个阶段:内部牵制阶段、内部控制制度阶段、内部控制结构阶段、内部控制整合框架阶段和企业风险管理整合框架阶段。因此,本章我们将沿着这种轨迹,从全球角度考察内部控制理论产生与发展过程,分析影响内部控制实践的重要立法和研究,从而构建内部控制体系以及相关流程的主要工作。

第一节 内部控制概述

一、内部牵制制度

古代内部牵制的实践是我们现代意义上的内部控制的渊源。由于生产条件和科技水平的限制,在古代只是闪现了内部(会计)控制的思想火花,出现了简单的内部牵制实践,没有也不可能有现代意义上的内部控制思想。

一般认为,20 世纪 40 年代以前是内部牵制阶段。15 世纪末,复式记账方法在意大利出现,要求一笔交易活动同时在两个簿记中记录,这标志着内部牵制渐趋成熟。18 世纪产业革命后,企业规模逐渐扩大,公司制企业开始出现;20 世纪初期,资本主义经济迅猛发展,股份制公司的规模迅速扩大,生产资料所有权与经营权逐渐分离。企业组织形式、规模的发展和利益格局的变化,促使利益相关方案探索制约和检查企业生产经营活动的方法,进一步完善了企业内部牵制制度。

内部牵制是指能够提供有效的组织和经营,并防止错误和其他非法业务发生的业务流程设计。它以账目间的相互核对为主要内容并实施一定程度的岗位分离,在当时一直被认为是保证账目正确无误的一种理想控制方法。

在内部牵制阶段,内部控制活动的主线是差错防弊,即防止记录差错和财货被侵吞。早

期的内部牵制由职责分工、会计记账和人员轮换三要素构成,内部牵制的执行大致可以分为四个方面:①实物牵制,如将保险柜钥匙交给两个以上的工作人员持有,非同时使用这两把以上的钥匙,保险柜就打不开。②机械牵制,如放置保险柜的房间大门若不按正确程序操作将无法打开。③体制牵制,每项业务分别由不同的人或者部门处理,以预防错误和舞弊发生,如采用双重措施来预防错误和舞弊的发生。④簿记牵制,如采用复式记账法、定期明细与总账进行核对法等。

二、内部控制制度

20世纪40年代至70年代,在内部牵制的基础上,逐渐产生了内部控制制度的概念。1936年,美国会计师协会在其发布的《注册会计师对财务报表的审查》文告中,首次正式使用"内部控制"这一专业术语。1949年,美国会计师协会审计程序委员会发表《内部控制——协调系统诸要素及其对管理部门和注册会计师的必要性》的专题报告,对内部控制做出权威定义:"内部控制包括组织机构的设计和公司内部采取的所有相互协调的方法和措施。这些方法和措施都用于保护公司的财产,检查会计信息的准确性,提高经营效率,推动公司检查执行既定的管理政策。"1958年,美国注册会计师协会审计程序委员会又将内部控制的定义做了进一步的说明,并将内部控制划分为内部会计控制和内部管理控制。前者是指与财产安全和会计记录的准确性、可靠性有直接联系的方法和程序,后者主要是与贯彻管理方针和提高经营效率有关的方法和程序。将内部控制一分为二,使得审计人员在研究和评价企业内部控制制度的基础上来确定实质性测试的范围和方式成为可能。

三、内部控制结构

20世纪70年代为内部控制的成熟期,内部控制的研究重点从一般含义向具体内容深化。这时西方学者在对内部会计控制和管理控制进行研究时认为,区分会计控制和管理控制对审计师非常重要,而且认为这两者是不可分割的,是相互联系的。与此同时,控制环境逐步被纳入内部控制范畴。

1988年4月,美国注册会计师协会发布的《审计准则公告第55号》(Statements on Auditing Standards No.55,SAS No.55),首次以内部结构一词取代原有的"内部控制"一词,并指出:"企业的内部控制结构包括为合理保证企业特定目标的实现而建立的各种政策和程序",并且明确了内部控制结构的内容:①控制环境;②会计系统;③控制程序。该公告体现了两个基本特征:一是正式将内部控制环境纳入内部控制范畴;二是不再区分会计控制和管理控制。这些改变可以说是反映了20世纪70年代后期以来内部控制实务操作和理论研究的一个新动向。

四、内部控制整合框架

20世纪70年代至80年代发生了一系列财务欺诈、可疑商业行为和金融机构破产等事件,给投资者带来了巨大损失。1985年,由美国注册会计师协会(American Institute of Certified Public Accountants,AICPA)、美国会计协会(American Accounting Association,AAA)、财务经理人协会(Financial Executives International,FEI)、内部审计师协会(Institute of Internal Auditors,IIA)、管理会计师协会(Institute of Management Accountants,IMA)联合

创建了反虚假财务报告委员会(Treadway Commission),旨在探讨财务报告舞弊产生的原因,并寻找解决之道。

两年后,基于该委员会建议,其赞助机构成立 COSO 委员会(The Committee of Sponsoring Organizations of the Treadway Commission),专门研究内部控制问题。1992 年 9 月,COSO 委员会发布《内部控制整合框架》,简称《COSO 报告》,1994 年进行了增补,2013 年 5 月又进行了更新。

这些成果马上得到了美国审计署(US Government Accountability Office,GAO)的认可,美国注册会计师协会(AICPA)也全面接受其内容并于 1995 年发布了《审计准则公告第 78 号》。由于《COSO 报告》提出的内部控制理论和体系集内部控制理论和实践发展之大成,成为现代内部控制最具有权威性的框架,因此在业内备受推崇,在美国及全球得到了广泛推广和应用。

在 COSO 内部控制整合框架中,内部控制被定义为:由一个企业的董事会、管理层和其他人员实现的过程,旨在为下列目标提供合理保证:①财务报告的可靠性;②经营的效果和效率;③符合适用的法律和法规。

《内部控制整合框架》把内部控制划分为五个相互关联的要素,分别是:①控制环境;②风险评估;③控制活动;④信息与沟通;⑤监控。每个要素均承载三个目标:①经营目标;②财务报告目标;③合规性目标。

1. 控制环境

控制环境设定了一个组织的基调,影响其员工的控制意识。它是内部控制其他所有构成要素的基础,为其提供了秩序和结构。控制环境的要素包括:主体中人员的诚信、道德、价值观和胜任能力;管理层的理念和管理风格;管理层分配权力和责任、组织和开发其员工的方式,以及董事会给予的关注和指导。控制环境可以归纳为两大方面:一是包括企业的管理哲学、控制文化、风险意识、人的素质与品德等在内的"软环境",这些无形因素构成内部控制的氛围,其中人的因素至关重要,其观念、素质等都影响着内部控制的效率和效果;二是包括企业的所有权结构、法人治理结构、组织体系、权力分配等结构性因素在内的"硬环境"。

2. 风险评估

风险评估是发现和分析对达到目标有影响的风险的过程,是确定如何控制和防范风险的基础。风险评估可以帮助管理层识别和分析对经营效率、财务报告、合规性目标有影响的风险因素,并迅速采取行动。风险评估的前提是确立在不同层次上的相互衔接、内在一致的目标。风险评估就是识别和分析与实现目标和相关风险,从而为确定应该如何管理风险奠定基础。由于经济、行业、监管和经营条件将会持续变化,因此需要有识别和应对与这些变化有关的特殊风险的机制。

3. 控制活动

控制活动是指那些在风险评估的基础上保证管理层的指令得到贯彻执行的政策和程序。控制活动发生在整个组织中,遍及所有的层级和所有的职能,包括诸如审批、授权、验证、调节、经营业绩评价、资产保护以及职责分离等一系列活动。

4. 信息与沟通

信息必须以某种形式、在某个时段被相关人员识别、获得和沟通。沟通使企业内部成员了解自身的职责,明确自身在内部控制系统中所扮演的角色和应当承担的责任。

5. 监控

需要对内部控制体系进行监控——一个评估体系在一定时期内的运行质量的过程。它可以通过持续监控活动、个别评价,或两者的结合来实现。持续监控发生在经营的过程之中,包括日常管理和监控活动,以及员工在履行其职责时采取的其他行动。个别评价的范围和频率主要取决于风险评估和持续监控程序的有效性。对内部控制的缺陷应该向上报告,其中,严重的问题应上报最高管理层和董事会。

五、企业风险管理整合框架

由于安然、世通、美国在线时代华纳、施乐和默克药厂等一连串知名企业的财务报告欺诈丑闻带来的冲击,世界范围的企业掀起了加强企业风险管理的热潮。COSO委员会于2001年提出了进行企业风险管理研究的构想,并组织各方面的专家进行讨论,于2003年7月根据《萨班斯-奥克斯法案》的相关要求,颁布了《企业风险管理整合框架》的讨论稿,该讨论稿是在《内部控制整合框架》的基础上进行了扩展而得来的,2004年9月正式颁布了《企业风险管理整合框架》,标志COSO委员会最新的内部控制研究成果。

《企业风险管理整合框架》将企业风险管理定义为:企业风险管理是一个过程,它是由一个主体的董事会、管理当局和其他人员实施,应用于战略制订并贯穿于企业之中,旨在识别可能会影响主体的潜在事项,管理风险以使其在该主体的风险容量之内,并为主体目标的实现提供合理保证。并且还指出《内部控制整体框架》的精髓已融入《企业风险管理整合框架》之中,构成其不可分割的一部分。因此,《企业风险管理整合框架》并没有取代或接替《内部控制整合框架》。

《企业风险管理整合框架》分为内部环境、目标制定、事项识别、风险评估、风险应对、控制活动、信息和沟通、监督八个相互关联的要素,各要素贯穿在企业的管理过程之中。

1. 内部环境

企业的内部环境是其他所有风险管理要素的基础,为其他要素提供规则和结构。企业的内部环境不仅影响企业战略和目标的制定、业务活动的组织和对风险的识别、评估和反应,还影响企业控制活动、信息和沟通系统以及监控的设计和执行。董事会是内部环境的重要组成部分,对其他内部环境要素有重要的影响。企业的管理者也是内部环境的一部分,其职责是建立企业风险管理理念,确定企业的风险偏好,营造企业的风险文化,并将企业的风险管理理念和相关的初步行动结合起来。

2. 目标制定

根据企业确定的任务或预期,管理者制定企业的战略目标,选择战略并确定其他与之相关的目标并在企业内层层分解和落实。其中,其他相关目标是指除战略目标之外的其他三个目标,其制定应与企业的战略相联系。管理者必须首先确定企业的目标,才能够确定对目标的实现有潜在影响的事项。而企业风险管理就是提供企业管理者一个适当的过程,既能够帮助制定企业的目标,又能够将目标与企业的任务或预期联系在一起,并且保证制定的目标与企业的风险偏好相一致。

3. 事项识别

不确定性的存在,使得企业的管理者需要对这些事项进行识别,而潜在事项对企业可能有正面的影响、负面的影响或者两者同时存在。有负面影响的事项是企业的风险,要求企业的管理者对其进行评估和反应。因此,风险是指某一对企业目标的实现可能造成负面影响的事项发生的可能性。对企业有正面影响的事项,或者是企业的机遇,或者是可以抵消风险对企业的负面影响的事项。机遇可以在企业战略或目标制定的过程中加以考虑,以确定有关行动抓住机遇。可能潜在地抵消风险的负面影响的事项则应在风险的评估和反应阶段予以考虑。

4. 风险评估

风险评估可以使管理者了解潜在事项如何影响企业目标的实现。管理者应从两个方面对风险进行评估,即风险发生的可能性和影响。风险发生的可能性是指某一特定事项发生的可能性,影响则是指事项的发生将会带来的影响。对于风险的评估应从企业战略和目标的角度进行。首先,应对企业的固有风险进行评估,确定对固有风险的风险反应模式就能够确定对固有风险的管理措施。其次,管理者应在对固有风险采取有关管理措施的基础上,对企业的残存风险进行评估。

5. 风险应对

风险应对可以分为规避风险、降低风险、共担风险和接受风险四类。规避风险是指采取措施退出会给企业带来风险的活动。降低风险是指减少风险发生的可能性、降低风险的影响,或两者同时减少。共担风险是指通过转嫁风险或与他人共担风险,降低风险发生的可能性或降低风险对企业的影响。接受风险则是不采取任何行动而接受可能发生的风险及其影响。对于每一个重要的风险,企业都应考虑所有的风险反应方案。

有效的风险管理要求管理者选择可以使企业风险发生的可能性和影响都落在风险容忍度之内的风险反应方案。选定某一风险反应方案后,管理者应在残存风险的基础上重新评估风险,即从企业总体的角度或者组合风险的角度重新计量风险。各行政部门、职能部门或者业务部门的管理者应采取一定的措施对该部门的风险进行复合式评估并选择相应的风险反应方案。

6. 控制活动

控制活动是保证风险反应方案得到正确执行的相关政策和程序。控制活动存在于企业的各个部分、各个层面和各个部门,通常包括两个要素:确定应该做什么的政策和影响该政策的一系列程序,包括一系列的活动批准、授权、查证、调解、审查经营业绩、保障资产和职务分离等。企业实施的控制活动可以分为不同种类,包括预防控制、侦察控制、人为控制、计算机控制和管理控制。

由于各个企业自身的具体情况不同,因此不同企业间的目标、结构和相关的控制活动会存在差别。即使两个企业具有相同的目标和结构,他们的控制活动也很可能不同。因为每一个企业都由不同的人来管理,他们运用自己的判断去影响内部控制。而且,控制反映了企业经营所处的环境和行业,也反映了它的组织、历史和文化的复杂性。

7. 信息和沟通

来自企业内部和外部的相关信息必须以一定的格式和时间间隔进行确认、捕捉和传递,以保证企业的员工能够执行各自的职责。有效的沟通也是广义上的沟通,包括企业内自上而下、自下而上以及横向的沟通。有效的沟通还包括将相关的信息与企业外部相关方的有效沟通和交换,如客户、供应商、行政管理部门和股东等。

为支持有效的企业风险管理,企业需要捕捉、使用历史的和当前的数据。历史数据可以使企业追踪当前业绩,并与目标、计划和期望比较。它可以洞察企业如何在变化的环境里经营,使管理者识别相关性和趋势并预测未来业绩。当前的数据可以使企业及时地评估在某一特定时点的风险并维持在确定的风险容忍度之内。

信息是沟通的基础,必须满足团体和个体的期望以使他们有效地履行其职责。高层管理者与董事会之间的沟通是最重要的沟通渠道。管理层必须保证董事会了解最新的业绩、发展、风险和企业风险管理的运作以及其他相关事项和问题。沟通越好,董事会就越能有效地履行其监督职责,在关键问题上提供合理的建议、忠告和指导。

8. 监督

对企业风险管理的监督是指评估风险管理要求要素的内容和运行以及一段时期的执行质量的一个过程。企业可以通过两种方式对风险管理进行监督——持续监督和个别评估。持续监督和个别评估都是用来保证企业的风险管理在企业内各管理层面和各部门持续得到执行。持续监督建立在企业正常的、重复发生的活动之上。持续监督在适时基础上运行,对环境的变化做出动态反应并在企业里根深蒂固。因此,它要比个别评估更有效。因为个别评估在事后进行,采用持续的监督程序能够更快地发现问题。许多有健全的持续监督活动的企业仍然采用对企业风险管理的个别评估。监督还包括对企业风险管理的记录。对企业风险管理进行记录的程度根据企业的规模、经营的复杂性和其他因素的影响而有所不同,适当的记录通常会使风险管理的监控更为有效。

与《内部控制整合框架》相比,《企业风险管理整合框架》具有下列6个方面的主要特点。

(1) 内部控制涵盖在企业风险管理活动之中,是其不可分割的组成部分。

(2) 拓展了所需实现目标的内容。首先,在实现目标方面增加了统驭经营、财务报告和遵循法律法规的最高层次——战略目标。其次,将财务报告扩展为企业编制的所有报告,包括出于内部管理目的而编制的报告和其他外部报告,如监管申报材料和其他报送给外部利益相关者的报告。最后,引入风险偏好和风险容忍度的概念。要实现对风险的有效管理,必须在有限的成本和可能的损失之间权衡,这自然提出了风险偏好和风险容忍度的概念。风险偏好是指企业在追求价值增值过程中愿意接受的广泛意义的风险的程度,即可接受的风险的种类和风险的数量。风险容忍度是指在企业目标实现过程中对风险数量和金额的可接受程度,是企业在风险偏好的基础上设定的对相关目标实现过程中所出现差异的可容忍限度。在确定风险容忍度的过程中,管理层应当考虑相关目标的相对重要性,使其与风险偏好相互协调。

(3) 引入风险组合观,使企业在分别考虑实现企业目标的过程中关注风险之外,还有必要从企业角度和业务单元两个角度以"组合"的方式考虑符合风险。

(4) 更加强调风险评估在风险管理中的基础地位,将《COSO报告》的风险评估扩展为一个由四要素组成的过程——目标制定、事项识别、风险评估和风险应对,并相应地在岗位设置上做出具体安排,如设置首席风险官。

(5) 扩展了控制环境的内涵,强调风险管理概念和董事会的独立性。

(6) 扩展了信息与沟通要素,企业不仅要关注历史信息,还要关注现在和未来可能影响目标实现的各种事项的影响。

可以说,从内部控制历史发展的线索来看,内部控制最初是基于管理的某种需要,此后,在企业管理的发展和外部审计活动的不断推动下,内部控制的理论和实务得到进一步的升华和丰富。内部控制理论的每一个阶段性成果,无不与企业组织形式的变化和利益相关的价值目标相一致,每当企业组织形式和利益相关者发生变化时,内部控制都会面临挑战。随着社会经济环境的变化,内部控制也必然会获得新的发展。然而,我们也看到,内部控制目前的发展已经完全不再局限于审计领域,从一个较长的发展时期来看,内部控制正在逐步突破审计行业或者专业的限制,开始向企业管理和企业治理进一步拓展和回归。

第二节 内部控制实践的重要立法与研究

一、影响内部控制实践的相关立法

(一)《巴塞尔协议》

20世纪70年代,国际大型商业银行业务呈全球化趋势,投机活动泛滥,以致赫斯塔特银行、富兰克林国民银行和不列颠以色列银行三家大型国际商业银行相继在1974年倒闭,给国际金融业造成了极其恶劣的影响。1975年2月,在国际清算银行的主持下,以十国集团为核心的中央银行行长商议成立了银行监管委员会,即巴塞尔委员会,对国际银行业进行监督管理。巴塞尔委员会成立以来,陆续制定了一系列关于国际银行监管的原则、标准和框架,统称为《巴塞尔协议》。

1997年东南亚金融危机的爆发促使人们更加重视市场风险与信用风险的综合模型以及操作风险的量化问题。巴塞尔委员会在1997年9月推出了《有效银行监管的核心原则》,提出一整套实施有效银行监管的核心原则(多达25条原则),其中涵盖最低资本金要求、外部监管、市场约束等方面的内容,这表明巴塞尔委员会确立了全面风险管理理念。1998年巴塞尔委员会决定对原有的资本协议进行全面修改,并于1999年6月首次公布修改后的资本协议征求意见稿,在成员国广泛征求意见,同时也转发给全世界各国的监管当局。此后,该委员会又分别于2001年1月、2003年4月发布征求意见第二稿、第三稿,并就征求意见稿进行了三次定量影响分析。在此基础上做出多项较大修改后的《统一资本计量和资本标准的国际协议:修订框架》(《巴塞尔协议Ⅱ》)于2004年6月公布,自2006年年底在十国集团国家开始实施。新资本协议的目标是:①继续促进金融体系的安全性和稳健性,至少维持金融体系目前的资本总体水平;②促进公平竞争;③提供更全面的处理风险的方案;④使处理资本充足率的各种方法更为敏感地反映银行头寸及其业务的风险程度。新资本协议中明确提出的现代金融监管体系的"三大支柱",如图1-1所示。

其中,第一支柱的最低资本要求是核心,但并不是唯一的解决办法;第二支柱要求强化以风险为本的监管当局的监督检查及早期干预,使整个风险控制机制更有效;第三支柱规定的市场约束是对最低资本要求的有益补充。

然而,《巴塞尔协议Ⅱ》提出的三大支柱(最低资本、监督检查和市场纪律)并没有阻止金融危机在全球蔓延,因此必须对其进行改革。2010年12月16日,巴塞尔委员会发布了《巴塞尔协议Ⅲ》,并要求各成员经济体两年内完成相应监管法规的制定和修订工作,2013年

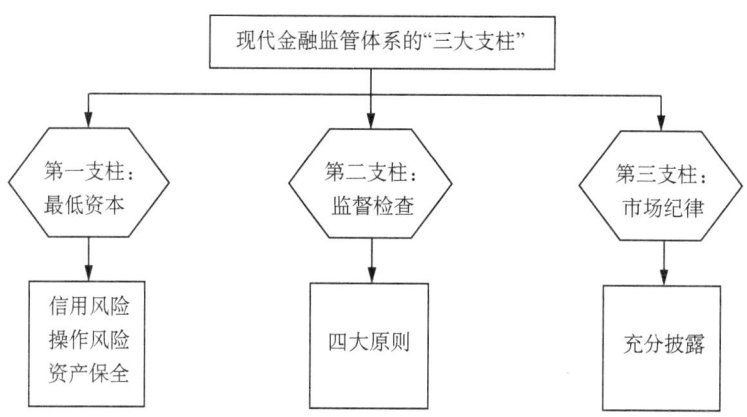

图1-1 《巴塞尔协议》中的三大支柱

1月1日开始实施新监管标准,2019年1月1日全面达标。《巴塞尔协议Ⅲ》的目标在于提高银行业抗击冲击的能力,提高风险管理和治理能力,加强银行的透明度,内容涵盖扩大资本覆盖风险的范围、增强监管资本工具的损失吸收能力、引入杠杆率监管指标、引入流动性监管标准、建立逆周期资本和准备金框架、重新确定最低监管资本要求等诸多方面。其主要的改革表现在以下三方面:

1. 强调高质量的资本构成

首先,明确普通股的核心一级资本地位,严格其他计入一级资本的工具需满足的条件,包括清偿等级、损失吸收能力、收益分配限制、本金偿付限制、赎回和担保抵押限制、会计列示和披露要求等。其次,明确只有一套二级资本的合格标准,取消子类,取消仅用于覆盖市场风险的三级资本。最后,严格扣除不合格的资本工具,如少数股东权益、商誉及其他无形资产、递延资产和银行自持股票等;贷款损失准备金缺口也要扣除。

2. 调整不合理的风险权重

一是提高了资产证券化交易风险披露的风险权重,大幅提高相关业务资本要求。二是多角度提高交易账户市场风险资本要求。改革方案要求,对于交易账户使用内部模型的银行,一般市场风险的资本要求除了计算VaR,还需要考虑压力VaR,即基于10天持有期,99%单尾置信区间以及连续12个月的显著压力时期数据计算风险价值。同时,交易账户使用内部模型计算特定风险的银行,需要对信用敏感头寸计量新增风险资本占用。三是重视交易对手信用风险。鉴于市场波动带来的风险和交易对手风险管理上的缺陷,巴塞尔委员会采取的措施包括:使用压力情景估计的参数计算有效预期正暴露以覆盖广义错向风险,以此确定交易对手违约风险的资本要求;使用"交易对手暴露等价债券法"来捕捉信用估值调整风险,以此提出附加资本要求;大型金融机构计算风险暴露相关性时使用1.25的资产价值相关性乘数;提出延长风险保证金期限、压力测试和返回检验新要求等。加强交易对手信用风险的监管,以减少金融机构之间通过衍生品和其他金融渠道带来的风险传染。

3. 提高资本充足率要求

一是建立资本缓冲运行机制。为平滑信贷周期和经济周期带来的资本波动,新监管框架中首次提出在经济形势较好时建立资本缓冲,以供经济危机时吸收损失。二是首次提高最低资本充足率要求。增加"核心一级资本充足率"监管指标,该比率不得低于4.5%,强调一级资本中普通股、股本溢价和股本留存收益的作用;提高一级资本充足率,从现行的4%上调至6%。虽然总的资本充足率保持8%不变,但由于银行在正常年分内还需要持有相应数量的留存资本缓冲,实际有效地普通股、一级资本和总资本要求分别达到了7%、8.5%和10.5%。这是国际资本监管制度建立以来最低资本充足率要求的首次提高。三是增加了杠杆率作为清偿力的辅助监管指标。

图1-2显示了巴塞尔委员会30年来对银行业金融风险的监管历程。

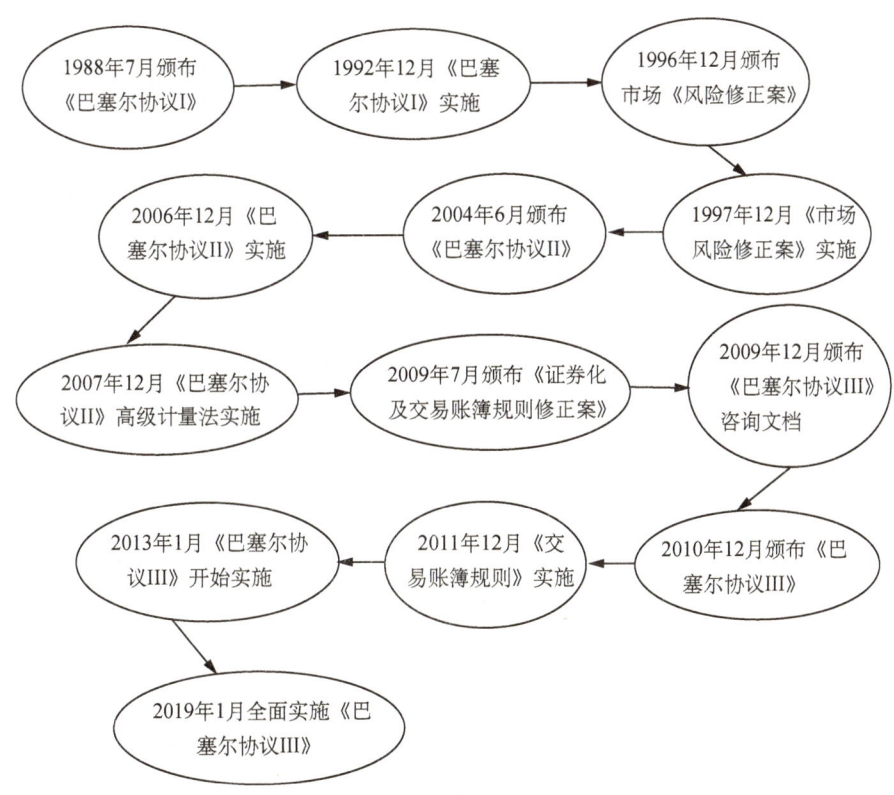

图1-2 巴塞尔委员会对银行监管的历程

(二) 美国《COSO报告》

1992年9月,COSO委员会公布了《内部控制整合框架》。2002年安然丑闻事件发生后,由美国证券交易委员会(SEC)通过《萨班斯-奥克斯法案》明确其为在美上市公司所提交企业内部报告的统一标准。在原内控框架建立后的20年间,商业及运营环境发生了巨大变化,变得更加复杂并且更容易受到科学技术及全球化因素的影响。与此同时,利益相关者对支持商业决策和组织管理的内部控制系统的透明化及有效性提出了更高的要求。2010年,COSO委员会决定更新1992年版本框架。2011年12月,COSO委员会发布了新版内控框架的征求意见稿,面向全球公开征求意见。2013年5月,COSO正式发布新内控框架,这是自1992年该框架发布以来的首次修改,原内控框架在过渡期(截至2014年12月15日)后废止。

安然、世通会计舞弊案的发生暴露了公司内部控制存在缺陷,2002年美国国会通过《萨班斯法案》。《萨班斯法案》强调上市公司不但要有内部控制,首席执行官(CEO)和首席财务官(CFO)要对与财务相关的内控有效性做出声明,而且还要向投资者证明这个控制是有效的(要求注册会计师对公司的内部控制做出鉴证),一旦出现问题,CEO和CFO将为此承担最高500万美元的罚款和最长20年的监禁刑事责任。为应对政策界的要求和实务界的变动,2004年9月COSO委员会正式公布了《企业风险管理整合框架》(COSO-ERM框架),指出风险管理是由企业董事会、经理层以及其他员工实施,应用于企业战略制定并贯穿于整个企业,识别可能影响公司的潜在事项,将风险管理在一定范围内,为实现企业战略目标提供合理保证的一个过程。

(三)英国的内部控制报告

英国内部控制是在公司治理理论的推动下发展起来的,20世纪90年代是英国公司治理理论发展的高峰期,从1992年到1999年英国先后发布了《卡德伯利(Cadbury)报告》《哈姆佩尔(Hampel)报告》《特恩布尔(Turnbull)报告》。这三个报告是英国公司治理和内部控制研究历史上的三个里程碑。

1992年的《卡德伯利报告》从财务角度研究公司治理,将内部控制置于公司治理的框架之下,认为财务风险是由于舞弊或无能而引致的可能发生的财务损失,这种风险不可避免,但内部控制系统能在防止舞弊和无能方面发挥作用。它以内部控制、财务报告质量以及公司治理之间的相互关系为前提,明确要求公司改善内部控制机制,建议董事们应就公司内部控制的有效性发表声明,外部审计师和审计委员会应对公司的内部控制声明进行复核等。该报告在许多方面开创了英国公司治理历史的先河,它将内部控制作为公司治理的组成部分,明确要求建立审计委员会、实行独立董事制度,它所确认的公司治理原则一直沿用至今。

1998年的《哈姆佩尔报告》全面赞同《卡德伯利报告》将内部控制视为有效管理的重要方面的观点,鼓励董事对内部控制的各个方面进行复核以保护资产安全,加强财务管理,评估企业风险,遵守法律法规,最小化舞弊风险。报告建议将《卡德伯利报告》中"有效性"一词换成"董事应对内部控制系统进行报告",应秘密向董事会成员提供内部控制报告,以建立更为有效的沟通渠道并推动最佳实务的发展,建议董事应保持并复核与相关控制目标有关的所有控制,而不仅仅是财务控制,并建议未设立独立内部审计机构的公司应时常考虑设立独立内部审计机构的必要性和可行性。该报告所提出的准则,将公司治理向前推进了一步。

1997年英国银行监管当局鉴于1995年2月巴林银行倒闭的教训,提出了强化内部控制风险管理、内部审计功能的建议。1999年,特恩布尔委员会将伦敦证券交易所指定的卡德伯利、格林伯利(Greenbury)以及哈姆佩尔委员会有关公司治理的报告要求合并在一起,形成一系列原则性的要求,即《特恩布尔报告——内部控制:董事会执行法案指南》。该报告要求企业的管理者承担起建立合理的内部控制系统、审核内部控制有效性、向股东报告有关发现的职责;对控制系统的审核应覆盖所有的控制,包括经营性、合规性控制以及风险管理;同时,执行风险控制政策是管理层的职责,并进一步确认内部控制在风险管理方面是有效的。

表1-1为我们提供了《卡德伯利报告》《格林伯利报告》《哈姆佩尔报告》《特恩布尔报告》的对比。

表 1-1　英国关于内部控制的报告的对比

	《卡德伯利报告》	《格林伯利报告》	《哈姆佩尔报告》	《特恩布尔报告》
范围	内部财务控制	内部财务控制	内部控制,包括财务、经营和遵循性等所有控制	内部控制和风险管理
报告	对有效性进行报告	对报告进行复核,可以对有效性进行报告	对报告进行复核	对报告进行复核
内部审计	作为良好实务加以推荐	—	未做出严格规定,但要经常考虑是否需要建立内部审计部门	是否建立内部审计部门需具体分析

(四) 加拿大《CoCo 报告》

1992 年,加拿大特许会计师协会(Chartered Accountants of Canada,CICA)成立了控制标准委员会,该委员会的使命是发布有关内部控制系统设计、评估和报告的指导性文件。1994 年 12 月,加拿大多伦多证券交易所发布《Ray 报告》,要求公司报告内部控制的适当性。1995 年 11 月,控制标准委员会正式发布了关于内部控制的框架性文件《控制指南》,即《CoCo 报告》。该指南在一定程度上参考了 COSO 委员会的内部控制框架,但是仍体现了自己的特色。该指南对内部控制的定义、内部控制的要素、内部控制的作用、内部控制的参与者、内部控制原则进行了阐述,建立了一个完整的内部控制理论体系。

《CoCo 报告》使用的是"控制"一词,而不是像《COSO 报告》使用的"内部控制"。CoCo 将"控制"定义为:"一个组织的要素(包括组织资源、系统、流程、文化和任务)组合在一起以便能够支持人们实现组织的目标。"《CoCo 报告》从 4 个方面提出 20 项控制基准,包括目的、承诺、能力、监控和学习四个最基本的要素。《CoCo 报告》的标准可分为以下几类:

(1) 目的:把握企业发展方向方面的评价标准。
(2) 承诺:认同感和价值观方面的评价标准。
(3) 能力:胜任能力的评价标准。
(4) 监控和学习:企业发展的评价标准。

该报告整合的风险管理是从公司战略、计划到一线运营、人力资源和业务流程系统程序。

(五) 美国《萨班斯法案》及其内部控制审计准则

2002 年通过的《萨班斯法案》"是自罗斯福总统以来美国商业界影响最为深远的改革法案"。

作为《萨班斯法案》中最重要的条款之一,404 条款明确规定了管理层应承担设立和维持一个应有的内部控制结构的职责。该条款要求上市公司必须在年报中提供内部控制报告和内部控制评价报告;上市公司的管理层和注册会计师都需要对企业的内部控制系统做出评价,注册会计师还必须对公司管理层评估过程以及内控系统结论进行相应的检查并出具正式意见。显然,404 条款标志着上市公司的内部控制信息开始纳入强制性信息披露范围,并赋予严厉的法律责任,同时也首次从强制性监管角度提出对内部控制的有效性进行审计。

作为对《萨班斯法案》404 条款的回应,美国证监会对公司管理层出具内部控制评估报告书的内容做出了详尽的规定:

(1) 管理层应当承认对公司内部控制有效性负有责任。公司管理层要在公司最近的财务年对与财务报告相关的内部控制有效性做出声明。声明必须披露管理层发现的任何与财务报告相关的内部控制的实质性漏洞。在与财务报告相关的内部控制存在某一或更多实质性漏洞时,管理层不得做出与财务报告相关的内部控制有效地声明。

(2) 公司必须使用适当的控制标准(如COSO)来评估内部控制的有效性

(3) 公司必须提供充分的证据来支持其评估效果。公司需要提供下列证据和文件来支持评估结论:①评估需包括分支机构和业务单元的认定;②重要内部控制的认定;③重要内部控制程序的设计;④控制实施的有效性;⑤内控的重大失败和/或重大缺陷的认定;⑥评估结果。

(4) 公司必须书面记录与提交其对内部控制有效性的评估结论。随后,美国公众公司会计监察委员会先后发布《与财务报表审计相关的财务呈报内部控制审计》(AS2)和《与财务报表审计相整合的财务报告内部控制审计》(AS5)。

二、中国影响企业内部控制的相关立法

(一) 中国企业内部控制的相关立法概述

中国全面风险管理的理念正在逐步培养和兴起,这从表1-2中国影响内部控制(风险管理)的相关规定中可窥一斑。

表1-2 中国影响内部控制的相关规定

序号	时间	事件
1	1996	财政部发布了《会计基础工作规范》,对内部控制做了明确规定
2	1996.12	财政部发布《独立审计具体准则第9号——内部控制和审计风险》,提出内部控制"三要素",帮助注册会计师判断是否信赖内部控制,以确定审计性质、时间和范围
3	1997.1	审计署发布了《中华人民共和国国家审计基本准则》,将对内部控制制度的测试当作"作业准则"予以规定
4	1997.5	中国人民银行发布了《加强金融机构内部控制的指导原则》,就银行、保险公司等金融机构内部控制的目标、原则、要素、基本要求等做出了规范,要求各金融机构必须建立科学完善的内部控制制度
5	1999.10	《中华人民共和国会计法》的颁布,将内部控制制度当作保障会计信息"真实和完整"的基本手段之一
6	2000.11	证监会发布了《公开发行证券公司信息披露编报规则》,要求公开发行证券的商业银行、保险公司、证券公司建立健全内部控制制度,并在招股说明书正文中说明内部控制制度的完整性、合理性和有效性。同时,要求注册会计师对被审计者的内部控制制度及风险管理的"三性"进行评价和报告
7	2001.1	证监会发布了《证券公司内部控制指引》,要求所有的证券公司建立和完善内部控制机制和内部控制制度,并报中国证券监督委员会和当地派出机构备案
8	2001.6~2003.10	财政部发布了《内部会计控制规范——基本规范(试行)》《内部会计控制规范——货币资金(试行)》《内部会计控制规范——采购与付款(试行)》等7个企业内部会计控制规范,明确了单位建立和完善内部会计控制体系的基本框架以及关键内部控制活动
9	2002.2	中国注册会计师协会颁布了《内部控制审核指导意见》,规范注册会计师就被审核单位管理当局在特定日期对内部控制有效性的认定进行审核,并发表审核意见
10	2002.9	中国人民银行颁布了《商业银行内部控制指引》,旨在促进商业银行建立和健全内部控制、防范金融风险,保障银行体系安全稳定运行。主要对内部控制的基本要求、授信、资金业务和中间业务做出了规定

(续表)

序号	时间	事件
11	2004.8	中国银行业监督委员会通过了《商业银行内部控制评价试行办法》(自2005年2月1日起施行),旨在加强对商业银行内部控制的评价,督促商业银行建立完善的内部控制体系,从根本建立商业银行风险管理的长效机制,保证商业银行安全稳健运行。其主要内容包括内部控制评价的目标、原则、程序、办法、标准、评价等级、组织和实施
12	2006.1	中国保险监督管理委员会制定了《寿险公司内部控制评价办法(试行)》,旨在通过加强并规范内部空盒子评价工作,最终推动寿险公司完善内部控制。其对寿险公司内部控制评价目标、评价原则、评价内容、评价方式、评价程序、评价结果利用等都进行了明确规定
13	2006.5	中国证券监督管理委员会发布第32号令《首次公开发行股票并上市管理办法》。该办法第29条规定"发行人的内部控制在所有重大方面是有效的,并由注册会计师出具了无保留结论的内部控制鉴证报告"。这是中国首次对上市公司内部控制提出具体的要求
14	2006.6	上海证券交易所发布《上海证券交易所上市公司内部控制指引》(2006年7月1日起施行),对上市公司建立健全和有效实施内部控制制度,提高上市公司风险管理水平提出了规范性的指导意见,并强制要求公司董事会应在年度报告披露的同时,披露年度内部控制自我评估报告,并披露会计师事务所对内部控制自我评估报告的核实评价意见
15	2006.6	国资委出台了《中央企业全面风险管理指引》,指出全面风险管理,是企业围绕总体经营目标,通过在企业全面管理的各个环节和经营过程中执行风险管理的基本流程,培养良好的风险管理文化,建立健全全面风险管理体系,包括风险管理策略、风险理财措施、风险管理的组织职能体系、风险管理信息系统和内部控制系统,从而为实现风险管理的总体目标提供合理保证的过程和方法
16	2006.7	中国企业内部控制标准委员会成立,组织起草并颁布《企业内部控制规范——基本规范》和17项具体规范征求意见稿
17	2006.9	深圳证券交易所发布《深圳证券交易所上市公司内部控制指引》(2007年7月1日起实施),对上市公司建立健全和有效实施内部控制制度,提高上市公司风险管理水平提出了规范性的指导意见,并要求公司应于每个会计年度结束后4个月内将内部控制自我评价报告和注册会计师评价意见与公司年度报告同时对外披露
18	2007.10	证监会发布《证券投资基金销售机构内部控制指导意见》,以加强证券投资基金销售机构内部控制,促进基金销售机构诚信、合法、有效开展基金销售业务,保障基金投资人权益
19	2008.5	财政部、证监会、审计署、银监会、保监会五部委联合发布中国第一部《企业内部控制基本规范》。该基本规范自2009年7月1日起先在上市公司范围内施行,鼓励非上市的其他大中型企业执行。根据这一基本规范,执行基本规范的上市公司,应当对本公司内部控制的有效性进行自我评价,披露年度自我评价报告,并可聘请具有证券、期货业务资格的中介机构对内部控制的有效性进行审计
20	2010.4	财政部、证监会、审计署、银监会、保监会五部委联合发布《企业内部控制评价指引》(1个)、《企业内部控制应用指引》(16个)和《企业内部控制鉴证指引》(1个)。自2011年1月1日起首先在境内外同时上市的公司施行,自2012年1月1日起扩大到上海证券交易所、深圳证券交易所主板上市的公司施行;在此基础上,择机在中小板和创业板上市公司施行;同时,鼓励非上市大中型企业提前执行
21	2011.10	中国注册会计师协会发布《企业内部控制审计指引实施意见》,规范注册会计师执行内部控制审计业务,明确工作要求,提高执业质量,维护公众利益
22	2012.11	财政部发布《行政事业单位内部控制规范(试行)》,进一步提高行政事业单位内部管理水平,规范内部控制,加强廉政风险防控机制建设
23	2013.12	财政部发布《石油石化行业内部控制操作指南》,指导不同规模、不同产业链中的石油石化行业企业,开展企业内部控制体系的建立、实施、评价和改进工作

(续表)

序号	时间	事件
24	2014.1	财政部和证监会发布《公开发行证券的公司信息披露编报规则第21号——年度内部控制评价报告的一般规定》,分布推进资本市场全面贯彻实施企业内部控制规范体系,规范上市公司内部控制信息披露行为,保护投资者的合法权益
25	2014.9	银监会印发《商业银行内部控制指引》,促进商业银行建立健全内部控制,有效防范风险,保障银行体系安全稳健运行
26	2015.2	中国注册会计师协会发布《企业内部控制审计问题解答》,进一步指导注册会计师更好地贯彻内部控制审计思路,解决在企业内部控制审计实务中遇到的问题,防范审计风险
27	2015.12	保监会印发《保险资金运用内部控制指引》及应用指引,进一步加强保险资金运用内部控制建设,提升保险机构资金运用内部控制管理水平,有效防范和化解风险

(二) 国资委的《中央企业全面风险管理指引》

国资委颁布的《中央企业全面风险管理指引》(以下简称《指引》)的主要内容可概括为:两个定义、两种分类、五个目标、一个流程、五个体系和一个文化。

1. 两个定义

"风险"指未来的不确定性对企业实现其经营目标的影响。"全面风险管理"指企业围绕总体经营目标,通过在企业管理的各个环节和经营过程中执行风险管理的基本流程,培育良好的风险管理文化,建立健全全面风险管理体系,包括风险管理策略、风险理财措施、风险管理的组织职能体系、风险管理信息系统和内部控制系统,从而为实现风险管理的总体目标提供合理保证的过程和方法。

2. 两种分类

企业风险一般可分为战略风险、财务风险、市场风险、运营风险、法律风险等;也可以能否为企业带来盈利等机会为标志,将风险分为纯粹风险(只有带来损失一种可能性)和机会风险(带来损失和盈利的可能性并存)。

3. 五个目标

五个目标包括:①确保将风险控制在与总体目标相适应并可承受的范围内;②确保内外部,尤其是企业与股东之间实现真实、可靠的信息沟通,包括编制和提供真实、可靠的财务报告;③确保遵守有关法律法规;④确保企业有关规章制度和为实现经营目标而采取重大措施的贯彻执行,保障经营管理的有效性,提高经营活动的效率和效果,降低实现经营目标的不确定性;⑤确保企业建立针对各项重大风险发生后的危机处理计划,保护企业不因灾害性风险或人为失误而遭受重大损失。

4. 一个流程

一个流程包括:①收集风险管理初始信息;②进行风险评估(含风险辨识、风险分析、风险评价三个步骤);③制定风险管理策略(含风险承担、风险规避、风险转移、风险转换、风险对冲、风险补偿、风险控制七大策略);④提出和实施风险管理解决方案(含外包方案、内控方案等);⑤风险管理的监督与改进。

5. 五个体系

五个体系包括:风险管理策略、风险理财措施、风险管理的组织职能体系、风险管理信息系统和内部控制系统。

6. 一个文化

一个文化强调企业应注重建立具有风险意识的企业文化。

(三) 财政部等五部委颁布的《企业内部控制基本规范》

财政部等五部委颁布的《企业内部控制基本规范》(以下简称《基本规范》)的主要内容可概括为:一个定义、五项原则、五个目标和五个要素。

(1)《基本规范》给内部控制下了自己的定义:"内部控制"是由企业董事会、监事会、经理层和全体员工实施的旨在实施控制目标的过程。

(2)《基本规范》明确提出了企业建立和实施内部控制的五项原则:全面性原则、重要性原则、制衡性原则、适应性原则和成本效益原则。

(3)《基本规范》将企业内部控制目标分为五类:合理保证企业经营管理合法合规、确保资产安全、财务报告及相关信息真实完整、提高经营效率和效果、促进企业实现发展战略。

(4)《基本规范》将企业内部控制分为五个要素:内部环境、风险评估、控制活动、信息与沟通、内部监督。

中国企业内部控制标准委员会在《企业内部控制基本规范起草说明》中说,《基本规范》在形式上借鉴了《COSO报告》五要素框架,同时在内容上体现了风险管理八要素框架的实质。其八要素实质主要指在风险评估要素中细化表述了风险管理的流程:风险识别、风险分析和风险应对策略,并且在风险应对策略中比照COSO-ERM说明了风险规避、风险降低、风险分担和风险承受四种应对策略。另外,在五要素之外间接表述了企业的目标。据此,《基本规范》的主体结构可用图1-3来表示。

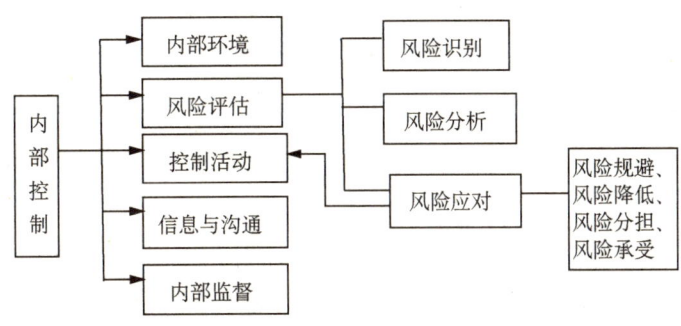

图 1-3 《企业内部控制基本规范》基本结构

(四) 财政部发布《行政事业单位内部控制规范(试行)》

财政部发布《行政事业单位内部控制规范(试行)》自2014年1月1日起在全国各级行政事业单位正式实施,共六章六十五条,具体包括总则、风险评估和控制方法、单位层面内部控制、业务层面内部控制、评价与监督、附则等内容。

1. 行政事业单位内部控制规范(试行)的框架结构

行政事业单位内部控制规范(试行)的框架结构如图1-4所示。

2. 企业内部控制与事业单位内部控制主要的区别

分析企业内部控制与事业单位内部控制主要的区别表现在:

(1) 事业单位与企业建设内部控制目标不同。

(2) 事业单位与企业内部控制范围不同。

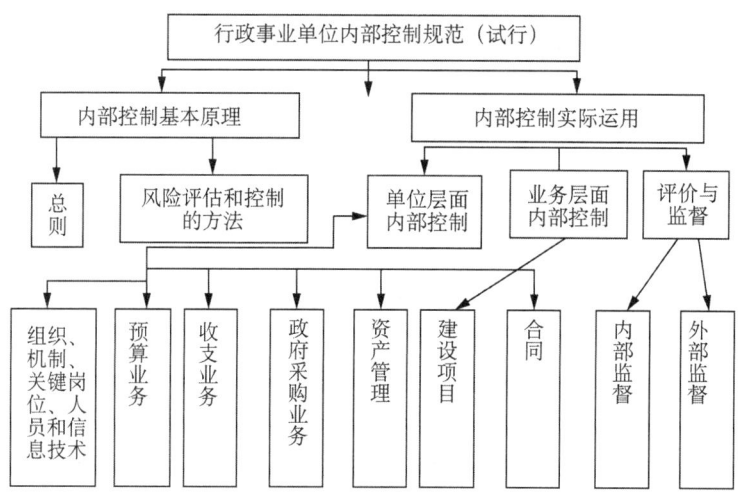

图 1-4 《行政事业单位内部控制规范(试行)》基本框架图

行政事业单位的组织结构、部门设置、职能权限等会受到外来制度和规定的约束,使行政事业单位内控制度目前建设的空间比企业小,仅能涉及财权(经济活动)的控制,无法涉及事权的控制。行政事业单位内控规范将控制的范围缩小,集中于预算控制、收支业务控制、政府采购控制、资产控制、建设项目控制、合同控制等这些常见的能够体现经济业务活动性质的控制活动上,而企业内控规范则强调全面内控。

(3) 事业单位与企业内部控制体系的基本内容不同。事业单位内部控制体系的基本内容包括以下几方面的内容:①建立控制系统,规范运作程序;②完善控制制度,明确控制标准;③完善控制机制,提高控制效果;④讲求控制方法,加强风险防范。

企业内部控制的内容主要包括以下几个方面:①股权控制和经营管理权控制;②战略控制和经营控制;③人事、财务、会计和生产控制等;④结果控制和过程控制;⑤积极控制和消极控制;⑥行为控制与事务控制;⑦制度控制和观念控制。

(4) 事业单位与企业内部控制的绩效评估标准不同。企业管理的绩效评估强调经济利益,而行政事业单位管理的绩效则偏重于社会效益,因此,在企业管理中,绩效评估指标主要为销售收入、净利、销售净利率、销售毛利率、资产净利率、净值报酬率和市场占有率等。而对于事业单位内部管理来说,其行为的合法性、公众舆论好坏、各种冲突的减少程度、公共项目的实施与效果、公共产品的数量及其耗费程度等是评估其管理绩效的主要指标。

第三节 内部控制体系构建流程

内部控制体系构建是公司内部控制工作的基础,是内部控制评价的前提,集团公司及下属公司应以《企业内部控制基本规范》和配套指引要求为蓝本,结合本公司实际,以提高经营效率和效果为目标,以风险管理为导向,以流程梳理为基础,以风险控制为重点,规范建立适用于本公司的内部控制体系,并固化且定期维护内部控制体系。具体工作包括业务流程框架编制、业务流程梳理、控制矩阵编制、权限指引表的梳理等内容,层层递进以明确业务风险控制点、优化现行流程制度、提高各公司业务层面的风险管控能力。

内部控制体系的构建应先编制业务流程框架,从而对公司的流程体系、部门分工、制度建设情况等进行定位。在此基础上绘制各项业务的流程图,以明确业务步骤。再以防范风险为导向分析流程,进而在流程图中标注风险控制点,并编制控制矩阵以明示风险控制点和控制措施。为保证关键控制措施得以有效执行,还应合理设置各级管理权限。

一、业务流程框架梳理

内部控制体系的构建应先梳理业务流程框架,从而对公司的流程体系、部门分工、制度建设情况等进行定位。在此基础上绘制各项业务的流程图,以明确业务步骤。再以防范风险为导向分析流程,进而在流程图中标注风险控制点,并编制控制矩阵以明示风险控制点和控制措施。为保证关键控制措施得以有效执行,还应合理设置各管理层级的权限。

业务流程框架梳理的目的是明晰公司整体业务流程体系,对当前流程进行充分显性化梳理,这是建立企业内部控制体系的基础和前提。业务流程框架是公司流程体系的大纲,包括一、二、三级流程目录以及分类,并对配套制度和主责部门进行定位。

一级流程:一般以管理职能划分,参考内部控制应用指引的18个领域。例如,人力资源管理、财务管理、生产管理、法律事务管理、综合管理及公司治理等。

二级流程:在一级流程的基础上,按照业务管理条线划分,例如,人力资源管理可以划分为人力资源规划管理、人事管理、绩效管理、薪酬福利管理及员工培训管理等,而财务管理可以划分为预算管理、财务核算管理、财务报告管理、税务管理及资金管理等。

三级流程:在二级流程的基础上,进一步划分到具体的业务单元,例如,人力资源规划管理可以划分为机构调整及部门职能的制定流程、年度人力资源计划制定流程及员工岗位职责制定流程,人事管理可以划分为招聘计划制定流程、校园招聘管理流程、社会招聘管理流程、员工入职管理流程、离职管理流程、劳动合同管理及人事档案管理等。

在这个过程中需要注意,一级流程和二级流程均是可继续划分的,而三级流程是不能进一步划分的,要细分到每个操作步骤。

业务流程框架梳理的具体方法如下:

(一)资料收集

为保证现场调研工作质量,需要先行安排如下工作:

(1)收集相关公司的管理资料及相应制度。例如,公司章程、组织架构图、岗位职责说明书、内部控制手册、公司权限指引表、公司制度等。

(2)根据提供的资料或者制度,结合企业内部控制指引的要求,参考经验案例,进行制度流程的有效性评价,包括完整性评价和合理性评价。完整性评价包括整个模块是否缺失,关键控制流程是否缺失,单个控制环节中的要素是否缺失。合理性评价包括流程设计是否合理,是否有未体现岗位职责分离、授权不明或者表单设计不合理等情况。

(二)调研访谈

调研访谈的目的是对现有的流程进行记录与整理,主要是按照模块来进行,工作分为访谈以及资料的检查。在访谈开始前,需要提前提交访谈提纲给被访谈的人员,便于相关人员准备。访谈过程中一般需要2人,一人访谈一人记录。被访谈的部门人员基本上需要安排2人,部门负责人和实际作业人,访谈的侧重点不同。

1. 部门负责人访谈

访谈的主要内容为本部门的组织架构、负责的具体工作内容、主要职责、该组织架构中每个成员的工作职责、其在工作中发现的流程风险,以及关键控制流程的划分等。通过部分负责人访谈划分出该部门主责的一级流程和二级流程。访谈模板可参考表 1-3。

表 1-3 部门负责人访谈模板

被访谈人员		岗位职责	
访谈时间		访谈及记录人	

1. 部门组织架构
2. 各成员的岗位职责
3. 业务流程由哪几个流程组成
4. 部门管理或者存在的风险

2. 实际作业人访谈

在访谈过程中,记录人员需要根据实际情况进行流程的记录,主要根据表 1-4 中的要素进行记录。通过实际作业人的访谈,将二级流程进一步细分成三级流程。

表 1-4 实际作业人访谈内容模板

何时	什么时候来执行这项控制,例如业务发生前还是发生后,以及发生这项控制的频率
谁	谁来执行这项控制?其所属的部门以及岗位
控制目标	执行该控制点规避风险或者控制目标是什么
控制活动	实施什么控制
如何做	如何实施该项控制?人工还是自动
改进措施	差异如何处理
证据	该项控制实施后会留下的系统或者书面的记录或者表单

访谈模板可参考表 1-5。

表 1-5 实际作业人访谈模板

被访谈人员		岗位职责	
访谈时间		访谈及记录人	

1. 销售计划:
流程概述:XX──→XX──→XX──→XX──→
流程表单:
2. 销售价格
流程概述:XX──→XX──→XX──→XX──→
流程表单:
3. 客户档案
流程概述:XX──→XX──→XX──→XX──→
流程表单:

(三) 穿行测试

穿行测试是指在访谈后请相关部门现场将作业流程模拟演示一遍。访谈人员需要按照流程收集、汇总、整理穿行测试的资料,以保证在访谈时被访谈人员不能清楚表述的流程,可以通过资料的检查来明确或者完善访谈记录。对穿行测试中发现的问题,需要进行现场拍照或者在收集的资料上用铅笔标注,便于汇总与应对。

(四)资料检查

访谈结束后,访谈人员应根据访谈的情况编制所需检查资料的清单,用于评估企业的内部控制现状。在资料抽样的选择上,一般以少量抽取为主,1~5份为宜。部门负责人及实际作业人员确认并修订。流程的记录应做到双确认,第一步是实际作业人员对此的确认,第二步是部门负责人对流程的确认。根据确认结果完成最终修订。对已梳理出的流程进行编号(表1-6)。流程编号公式:一级流程英文单词简写+二级流程编号+三级流程编号。例如,一级流程为发展战略管理模块,取英文缩写DES;若为人力资源管理模块,取英文简写HRM;若为组织架构模块,取英文简写ORS。二级流程和三级流程按以上公式规则编号。

表1-6 流程编码对照表

序号	一级流程	英文全称	缩写
1	组织架构	organizational structure	ORS
2	发展战略	development strategy	DES
3	人力资源	human resources management	HRM
4	社会责任	social responsibility	SOR
5	企业文化	corporate culture	COC
6	资金活动	financial activities	FIA
7	采购业务	purchasing management	PUM
8	资产管理	asset management	ASM
9	销售业务	sales management	SAM
10	研究与开发	research and development	RAD
11	工程项目	project management	PRM
12	担保业务	guarantee management	GUM
13	业务外包	outsourcing business	OUB
14	财务报告	financial reporting management	FRM
15	全面预算	overall budget	OVB
16	合同管理	contract management	COM
17	内部信息传递	internal information transmission	IIT
18	信息系统	information system	INS

流程编号说明:一级流程用3位英文缩写标识,二级流程用英文缩写和2位顺序码标识,三级流程在二级流程编号的基础上用".X"表示,X表示三级流程的顺位。如一级流程为"发展战略",其下面的第一个二级流程为"公司战略管理",其下的第一个三级流程为"公司总发展战略制定流程",则编号为:DES01.01。

(五)确定流程类型

流程类型分为已建立流程和待建立流程。

(六)确定主责部门

主责部门是指实现流程目标的主要责任部门,一个流程只有一个主责部门,而参与部门可以是多个。

(七) 相关制度匹配

根据现有的全套制度与流程进行匹配,找出对流程具有规范或指导性作用的制度。若某个流程没有可匹配制度,则做上标记(即为内部控制制度缺失)。模板如表 1-7 所示。

表 1-7 业务流程框架模板

流程编号	一级流程	二级流程	三级流程	流程状态	流程主责部门	相关制度或文件
DES	发展战略					
DES01		公司战略管理				
DES01.01			公司总发展战略制定流程	已建立	战略规划部	《XX公司战略管理办法》
DES01.02			公司职能(业务)子战略制定流程	已建立	战略规划部	《XX公司战略管理办法》

二、业务流程图的编制

业务流程图是指以可视的方式,运用特定符号展示某一业务的流转过程,其意义在于帮助人们认识业务流程是如何生成、记录,获得授权并被处理和汇报的。流程图对业务流程中可能出现的环节及所存在的控制环节进行描述,有助于识别步骤和控制,有助于与其他流程图相联系来解释相关的控制活动,有助于发现、收集和处理数据,有助于分离可能出现问题的区域,有助于向不熟悉的人解释流程,便于指导工作的开展以及业务操作的规范化。

业务流程图的绘制应明确如下事项:每个流程步骤的执行部门及岗位,每个具体步骤的操作内容,每个步骤的输入和输出文档,流程中的控制点,具体绘制步骤如下。

1. 整理部门负责人及职员的访谈结果

通过访谈详细了解每个三级流程的具体操作步骤、每个步骤的操作方法及注意事项等,访谈中要特别关注和识别流程中的控制点,识别流程控制点的方法,例如某审核步骤、审批步骤、某个会议,要在访谈中充分了解这些控制点的审核关注内容、审批关注内容或会议讨论内容及关注点等。

2. 收集该流程输入和输出的一套文档(相关文档或表单)

通过分析一个流程中输入和输出的文档或表单,可以辅助绘制流程图。

3. 绘制流程图

流程图上方,标明该流程的名称。

流程图左方,标明该流程所涉及各阶段的名称。

各职能带上方,从左至右标明该流程所涉及的部门,最右侧职能带标明该流程设计的文档或表单。

各职能带,根据业务流转过程选择相应的流程符号绘制流程图。

流程图符号对照表与流程图示例如表 1-8 和图 1-5 所示。

表1-8 流程图符号对照表

符号	操作名称	简介
←	选择	选择状态
⬡	准备	流程开始的准备工作
▭	进程	流程中具体步骤。框中数字为步骤编号,文字为步骤名称
⌐ ¬	虚线组合框	流程中同时进行的步骤
⌐_⌐	连线	流程节点间的链接
◇	判定	条件判断。框中编写判定条件,表示对上一步骤进行判定,根据判定结果,下一步骤将分为两条支线
▭	子流程	表示流程与流程之间的关联关系;流程中出现子流程,理解为流程的输入或输出
▱	文档	流程输入、输出等相关的文件
A	文字	在连线上加入说明文字
▭	结束符	表示流程结束
△	控制点提示	表示该步骤为控制点,框中数字为控制点编号
⬡	缺陷提示	若存在流程控制点缺陷,在关键控制点旁加上缺陷提示语

4. 风险控制点标注

风险控制点指的是流程中应对风险的控制节点,在流程图中,用三角形放在流程步骤的右上方并标上数字,表示该步骤是控制点。风险控制点标注方法:在梳理流程的过程中,应以流程目标为出发点,以流程步骤走向进行风险思考,梳理在流程中是否有应对风险的控制节点。假设去掉这个流程步骤,若该流程仍能完整地进行下去,则该步骤不是控制点;若该流程到此卡住无法再进行下去,则该步骤是控制点。例如某个流程中存在几个审核、审批步骤,去掉某一个或某几个审核、审批步骤,该流程无法继续进行下去,而且存在风险隐患,因此,这类审核、审批步骤就是控制点。

值得注意的是:在一个流程中存在几个风险控制点防范一个风险的可能。对流程中的风险识别,需要有一定的风险管理基础知识、足够敏锐的风险意识和一定的做流程文档经验。

5. 流程缺陷记录

相关人员在绘制流程图时应分析并记录流程中存在的缺陷并提出改进建议。若流程在匹配性、依赖性、震荡性、控制性、一致性、竞争性六要素方面存在缺陷,则流程自身存在设计缺陷,可能需要尽心流程优化或流程重组。若某一风险没有任何风险控制点去防范或控制措施达不到控制效果,即该风险没有得到控制,则该流程中存在控制缺陷,需要对流程进行

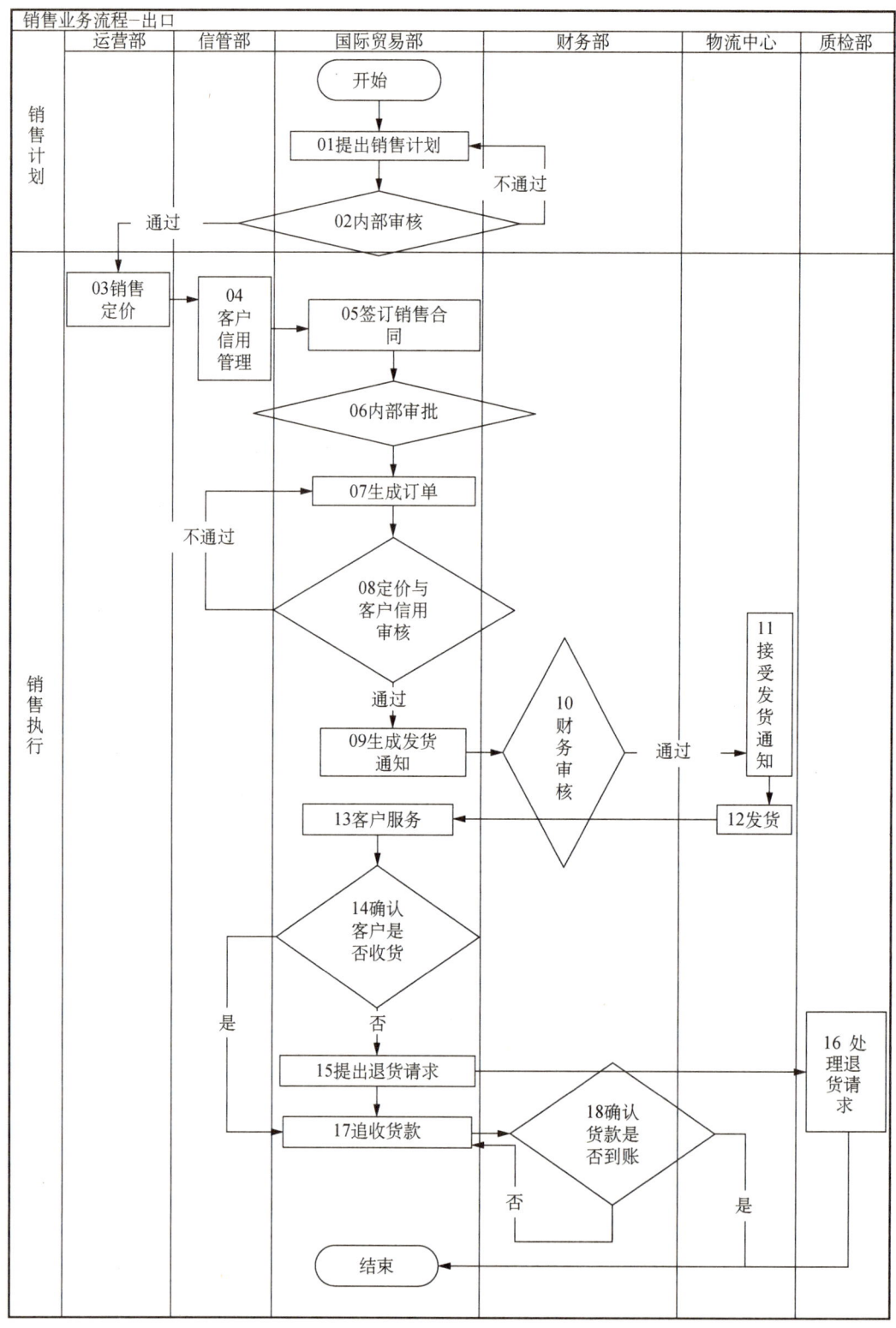

图 1-5 销售业务流程图示例

优化甚至重组,保证每个风险都有相应的风险控制点与之对应;或者改进控制点的控制措施,以保证每个风险控制点都能有效地控制对应的风险。在很多情况下流程控制缺陷往往不是流程本身,而是员工执行不到位或执行不力。

三、控制矩阵的编制

控制矩阵是业务流程中针对控制点的控制方式描述,控制矩阵与流程图中的控制点是一一对应的,也是做内部控制评价的基础。在编制控制矩阵的过程中,流程编号、控制点编号和所属部门岗位要与业务流程框架和流程图中的控制点标记相对应,模板如表1-9所示。

表1-9 控制矩阵模板

序号	流程编号	流程名称	控制点编号	控制点描述	该控制所属部门/岗位	是否为关键控制点	预防性控制/发现性控制	手工控制/IT控制	控制频率	控制是否存在异常	缺陷汇总表的勾稽编号
1		战略规划管理		发展战略过于激进,导致公司过度扩张,甚至经营失败	办公室/主任	是	预防性控制	手工	随时	否	
2		战略规划管理		缺乏明确的发展战略或发展战略实施不到位,丧失发展机遇和动力	办公室/主任	是	预防性控制	手工	随时	否	

四、权限指引表的编制

权限指引表用来表示不同层级管理人员在各项管理业务中所行使得不同类型的职权。只有合理设置权限,才能使控制矩阵中的控制措施起到防范风险的作用,可参考表1-10进行编制。

表1-10 权限指引表模板

流程①编号	业务②事项	相关③单据	分类④	下属单位				集团			
				业务部门	分管副总	财务部	总经理	职能部门	法务部门	财务部	总裁

注:①根据公司的流程命名规则设定的流程编号。②主要是二级流程的说明。③该流程涉及的表单,可以是纸质的,也可以是电子版本的。④根据金额大小或者重要性进行的划分。

业务流程中的签批流程会涉及审核、审议、审批、会签、备案等,不同的审批人所使用的范围是不一样的。

(1)审核:审查核定,一般是流程中间过程中的检查,以单人为主。

(2)审议:一般是流程中间过程中的检查,以集体会议形式为主。

(3)审批:审查批准,一般是流程的最后一人。

(4)会签:在流程过程中,不分权利大小的签字。

(5)备案:流程结束后,需要告知的部门以及人员。

五、内部控制体系构建成果

内部控制体系构建完成后,公司均应形成一套内部控制文档,综合运用这些成果可以有效控制公司的业务层面风险,便于其日常工作管理。该文档包括《业务流程框架》《业务流程图》《控制矩阵》《权限指引表》。

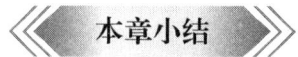

本章通过对内部控制制度和内部控制结构等基本概念介绍,分析了内部控制整合框架和全面风险管理框架的各个方面,提出了影响内部控制实践的相关立法以及中国影响企业内部控制的相关立法。进一步分析了内部控制体系构建流程、控制矩阵的编制和权限指引表的编制。

1.《企业风险管理整合框架》所提出的内部控制的几大要素分别是什么?

2. 说出美国 COSO-ERM 框架的八个要素和四个目标,并说明它们之间的关系。

3. 业务流程梳理的具体方法是什么?

4. 已知某材料仓库的入库具体工作步骤如下:

(1) 采购员交材料入库单;

(2) 仓库保管员查订货单,核实入库单;

(3) 材料入库,仓库保管员验收;

(4) 仓库保管员填写交库单给采购员,并把入库单存入文件柜留底。

请根据上述步骤,应用流程图的绘制方法,绘制一张材料入库流程图。

第二章 大数据时代的内部控制

学习目标

(1) 了解大数据的概念、产生的影响以及我国大数据的发展现状。
(2) 熟悉大数据技术,利用大数据的风险识别模型分析风险预警机制设计与构建。
(3) 掌握基于大数据的内部控制方法。

第一节 大数据技术概述

一、大数据的概念与特征

数据(Data)是事实或观察的结果,是对客观事物的逻辑归纳,是用于表示客观事物的未经加工的原始素材。它是信息的表现形式和载体,可以是符号、文字、数字、语音、图像、视频等。数据和信息是不可分离的,数据是信息的表达,信息是数据的内涵。数据本身没有意义,只有对实体行为产生影响时才成为信息,如历史的记录、生活的片段、交易的轨迹、过程的监控、经验的累积等。

如果我们追溯数据这个词的本源,会发现数据在拉丁文里是"已知"的意思,也可以理解为"事实"。2009 年,"大数据"概念才逐渐开始在社会上传播。而"大数据"概念真正变得火爆,却是因为美国奥巴马政府在 2012 年高调宣布了其"大数据研究和开发计划"。这标志着"大数据"时代真正开始进入社会经济生活来了。

究竟何为大数据?麦肯锡咨询公司认为,"大数据是指数据集合,其大小已经超出了典型数据库的获取、储存、管理和分析的能力"。高德纳研究机构给出的定义是"大数据是需要新处理模式才能具有更强的决策力、洞察发现力和流程优化能力的海量、高增长率和多样化的信息资产"。维基百科表述为"大数据是难以用现有的数据库管理工具处理的兼具海量特征和复杂性特征的数据集成"。达到多大的数据称为大数据,目前还没有一个公认的定义。一般认为,大数据的量级应该是"太字节"。例如,大数据既可以是如政府部门或企业掌握的数据库这种有限数据集合,也可以是如微博、微信、社交网络上虚拟的无限数据集合。

根据大数据专业文献的说法,"大数据",或称巨量资料,应是所涉及的数据量规模大到无法利用现行主流软件工具,在一定的时间内实现收集、分析、处理或转化成为帮助决策者决策的可用信息。互联网数据中心认为"大数据"是为了更经济、更有效地从高频率、大容量、不同结构和类型的数据中获取价值而设计的新一代架构和技术,用它来描述和定义信息爆炸时代产生的海量数据,并命名与之相关的技术发展与创新。大数据具有 4 个特点:

①数据体量巨大(Volume),从 TB 级别跃升到 PB 级别。②处理速度快(Velocity),这与传统的数据挖掘技术有着本质的不同。③数据种类多(Variety),有图片、地理位置信息、视频、网络日志等多种形式。④价值密度低,商业价值高(Value)。存在单一数据的价值并不大,但将相关数据聚集在一起,就会有很高的商业价值。

大数据这一新概念不仅指数据规模庞大,也包括处理和应用数据,是数据对象、技术与应用三者的统一。大数据技术包括数据采集、存储、管理、分析挖掘、可视化等技术及其集成。大数据应用是应用大数据技术对各种类型的大数据集合获得有价值信息的行为。充分实现大数据的价值唯有坚持对象、技术、应用三位一体同步发展。

大数据的意义在于,为人类"分析和使用"的数据的量在增加,通过对大数据的交换、整合、挖掘和分析,可以发现新的知识、创造新的价值,带来"大知识""大科技""大利润""大发展"。因此,"大数据"的"大"是一个相对的概念。

二、大数据产生的影响

近年来,大数据已经引起全社会的广泛关注。这主要源于全球数据以 40% 的高速度集聚;更为重要的是,大数据触及几乎所有领域,并对政治、经济、教育、文化、科技等领域,乃至整个社会带来认识和生活方式的变革。数据被认为是一种与能源材料相提并论的资源,其所蕴含的价值难以估量。随着数据科学的不断发展,越来越多的问题被发现可以通过大数据解决。不仅在数据科学与技术层次,而且在商业模式、产业格局、生态价值与教育层面,大数据都能带来新理念和新思维,包括政府宏观部门、不同的产业界与学术界,甚至个人消费者。大数据与互联网一样,不仅是信息技术领域的革命,更加速企业创新,在全球范围引领社会变革并启动透明政府的发展。同时,大数据也在引发一场思维革命,大数据正在改变人们考察世界的方式方法,以前所未有的速度引起社会、经济、学术、科研、国防、军事等领域的深刻变革。

(一) 大数据对社会发展的影响

数据正成为与物质资产和人力资本同样重要的基础生产要素,大数据的使用成为提高企业竞争力的关键要素。数据成为资产、产业垂直整合、泛互联网化是大数据时代的三大发展趋势。一个国家拥有的数据规模及运用的能力将成为综合国力的重要组成部分,对数据的占有权和控制权将成为陆权、海权、空权之外的国家核心权力。大数据时代的国家竞争是控制权的竞争。通过大数据实现对社会变革、经济变革、组织变革等力量。云计算和大数据已经带来了像 IT 生产力、计算范式、开发方式这样偏架构和技术的变革,它们最大的价值在于让社会得以革新与升级,促使互联网进行重构。信息的核心是数据,无论使用了什么硬件,采用了什么手段,安装了什么系统,里面流通的永远是数据。利用信息技术把有效的数据挖掘出来,实现全面的融合和流通,促进产业结构的升级,推动创新驱动。

大数据除了将更好地解决商业问题、科技问题,还有各种社会问题,形成以人为本的大数据战略。大数据是信息技术与各行业领域紧密融合的典型领域,有着旺盛需求和广阔前景。把握机遇需要不断跟踪研究大数据并不断提升对大数据的认知和理解,坚持技术创新与应用创新协同共进,同时加快经济社会各领域的大数据开发与利用,推动国家、行业、企业对于数据的应用需求和发展水平进入新的阶段。

在大数据时代,数据作为一种独立存在的实体,其资产价值越来越突出,日益引起人们的重视。从具体的个人到形形色色的企业,从各国政府到各种组织都可以合法地去收集数据。不论个人还是企业,以及政府等都可以是数据的拥有者。今后个人隐私与数据归属权可能关系越来越少,欧洲民众要求政府公开信息的诉求极其强烈,民众有权向政府申请信息公开。除了涉及国家安全和个人隐私的公共信息外,大部分政府信息都可以公开。

大数据主要有三个方面对人类经济社会发展影响巨大,一是能够推动实现巨大经济效益;二是能够推动增强社会管理水平;三是能够推动提高安全保障能力。大数据在政府和公共服务领域的应用可有效推动政务工作开展,提高政府部门的服务效率、决策水平和社会管理水平,产生巨大社会价值。

(二) 大数据对管理理论和实践的影响

在互联网、云计算、物联网、移动计算等新兴技术的支持下,社交媒体、协同创造、虚拟服务等新型应用模式拓展了人类创造和利用信息的范围和形式,大数据正在对管理理论与实践产生深远影响。

1. 大数据对企业管理思想的影响

大数据时代的来临改变了企业的内外部环境,引起了企业的变革与发展。企业越来越智能化,管理实现了信息化。企业中的数据收集、传输利用需要现代管理思想的支撑。

大数据环境下的企业管理应当以人为本,在实践的基础上运用现代信息化技术,采用柔性管理,将数据当作附加资产来看待。企业运营离不开数据的支撑,企业管理当中如果不能够深刻认识到大数据的重要性,仅仅以公司短期盈利作为目标,是缺乏战略性的思考。有效地利用数据分析结果,提前进行预测,抓住市场先机、顾客需求,就能主动赢得市场,在企业管理与销售业绩上创造出更大的财富。

2. 大数据对企业管理决策的影响

大数据背景下数据的分析利用是企业决策的关键。首先,大数据的决策需要大市场的数据。基于云计算的大数据环境影响到企业信息收集方式、决策方案选择、决策方案制定和评估等决策实施过程,对企业的管理决策产生影响。大数据决策的特点体现在数据驱动型决策,大数据环境下的管理决策对于企业不仅是一门技术,更是一种全新的决策方式、业务模式,企业必须适应大数据环境对管理决策的新挑战。

其次,大数据对决策者和决策组织提出了更高的要求。大数据时代改变了过去依靠经验、管理理论和思想的决策方式。管理决策层根据大数据分析结果发现和解决问题、预测机遇与挑战、规避风险。这就要求决策层具有较高的决策水平。由于大数据背景下需要企业全员的参与,动态变动环境下,决策权力更加分散才有利于企业做出正确的决策。这就要求企业的组织更加趋于扁平化。

3. 大数据对企业人力资源管理的影响

人力资源是企业中最宝贵的资源,是企业创造核心竞争力的基础。基于大数据技术,企业将大大提高人力资源管理的效率和质量。有效地加快人力资源工作从过去的经验管理模式向战略管理模式的转变。

公司从员工招聘到绩效考核与培训,积累了大量的各类非线性数据,这些数据都是无形的资产,利用大数据技术,将这些数据进行整合分析利用,能够为企业带来巨大贡献。首先,在员工招聘上,只需将单位用人要求与员工各项能力数据相匹配,结合人力资源招聘的经验,便可轻松选出符合要求的员工。其次,在绩效考核上,进行标准化管理,将员工日常的各类数据进行分析,设定等级标准,即可得出客观公正的考核结果。这大大排除了绩效管理的主观性与不全面性。最后,根据大数据的分析结果,针对不同员工区别培训,更有效率地提高了培训水平。

4. 大数据对企业财务管理的影响

大数据使财务管理的模式和工作理念颠覆性的改变。首先,财务管理更加稳健。公司将各类财务数据在大数据技术下进行发掘,提纯出更多有用的财务信息,及早地发现财务风险,为管理决策者提供重要的决策依据,做出正确的决断。其次,财务数据的处理更加及时高效。财务数据在企业日常运营当中举足轻重,企业的各项交易都依赖于财务数据的分析,企业基于大数据,通过对财务数据的分析和处理,能够改进财务管理工作的运行模式,并且是有效率的,企业资金资本运作成本降低和压缩了,利润相应提高了。企业资源最丰富的积累,最基础的财务数据,通过大数据技术进行对财务数据整理和分析,实现了企业价值增值。

大数据时代对企业的管理提出了更高的要求。信息化时代下企业每天都在产生大量的数据,大数据时代下,这些数据影响着企业管理的方方面面,它改变着企业的管理思想与管理模式,使企业的决策更加准确高效,使人力资源管理工作更便捷,使企业财务管理稳健、绩效考核客观公正,企业管理中应加强收集分析利用这些数据,确保数据的准确与安全防护。将传统经验、理论管理与大数据管理决策相结合,适应时代发展,企业将做大做强。

(三) 大数据对人类的世界观以及生活工作方式的影响

大数据时代,不仅改变了传统的数据采集、处理和应用技术与方法,还促使人们思维方式的改变。大数据的精髓在于促使人们在采集、处理和使用数据时思维的转变,这些转变将改变人们理解和研究社会经济现象的技术和方法。

(1) 在大数据时代,不依赖抽样分析,就可以采集和处理事物整体的全部数据。19 世纪以来,当面临大的样本量时,人们主要依靠抽样来分析总体。但是,抽样技术是在数据缺乏和取得数据受限制的条件下不得不采用的一种方法,这其实是一种人为的限制。过去,因为记录、储存和分析数据的工具不够科学,只能收集少量数据进行分析。如今,科学技术条件已经有了很大的提高,虽然人类可以处理的数据依然是有限的,但是可以处理的数据量已经大量增加,而且未来会越来越多。随着大数据分析取代抽样分析,社会科学不再单纯依赖于抽样调查和分析实证数据,现在可以收集过去无法收集到的数据,更重要的是,现在可以不再依赖抽样分析。

(2) 在大数据时代,不再热衷于追求数据的精确度,而是追求利用数据的效率。当测量事物的能力受限制时,关注的是获取最精确的结果。但是,在大数据时代,追求精确度已经既无必要又不可行,甚至变得不受欢迎。大数据纷繁多样,优劣掺杂,精准度已不再是分析事物总体的主要手段。拥有了大数据,不再需要对一个事物的现象深究,只要掌握事物的大致发展趋势即可,更重要的是追求数据的及时性和使用效率。与依赖于小数据和精确性的时代相比较,大数据更注重数据的完整性和混杂性,帮助人们进一步认识事物的全貌和真相。

(3) 在大数据时代,人们难以寻求事物直接的因果关系,而是深入认识和利用事物的相关关系。长期以来,寻找因果关系是人类发展过程中形成的传统习惯。寻求因果关系即使很困难且用途不大,但人们无法摆脱认识的传统思维。在大数据时代,人们不必将主要精力放在事物之间因果关系的分析上,而是将主要精力放在寻找事物之间的相关关系上。事物之间的相关关系可能不会准确地告知事物发生的内在原因,但是它会提醒人们事情之间的相互联系。人们可以通过找到一个事物的良好相关关系,帮助其捕捉到事物的现在和预测未来。

某种程度上,在大数据时代来临之前,数据的价值只是部分地体现了出来,就像冰山一角,就像只啜饮一小口,就把一瓶上好的葡萄酒扔掉一样。然而在大数据时代,我们会喝掉并享受整瓶酒。因此,有了这能量巨大的价值资源,商业以及社会的哪些方面将会发生改变呢?方方面面都将发生改变。

以卫生保健为例,目前我们都是以以往病人的平均情况来为每个人用药,有了大数据,我们可以为每位病人定制针对其个人的治疗计划,从而保证治疗是最高效、最有效地。

以教育为例,我们可以利用大数据收集学生们读书、理解程度的信息,将结果反馈给老师,而教学效果也将因此得到提升,学习效果会得到提升,知识将得到更好地传播。

在商业方面我们能做的也是令人惊异的,大数据可以为顾客提供更高的透明度。在顾客得到实惠的同时,商家也将从中获得丰厚的利益。在这个系统中,低效率被改变了,我们对于事物的作用机制有了更深了解。从社会这个大方面上看,我们可以提升我们的生活方式、生活质量、和谐程度,从而降低个人在群体中所面临的风险。

三、我国大数据产业的发展现状与趋势

近年来,随着互联网、物联网、云计算、三网融合等IT与通信技术的迅猛发展,数据的快速增长成了许多行业共同面对的严峻挑战和宝贵机遇,使得大数据产业迅速崛起。随着信息技术和人类生产生活交汇融合,互联网快速普及,全球数据呈现爆发增长、海量集聚的特点,对经济发展、社会治理、国家管理、人民生活都产生了重大影响。

(一)大数据产业的内容

大数据产业是指关于数据一系列服务的产业的总称。分为两个层次,一层是数据的采集、加工、存储、传播等相关的数据服务;另一层是进行这些数据服务的软、硬件研发部门和制造业。大数据产业是一种新型的现代服务业,主要内容有以下三个方面:

1. *数据内容业*

数据内容业以信息为主要产品,可以关联到社会的各个领域。数据内容业是指从事数据的存储、采集、加工、传播等基本数据服务的产业群体,如数据存储部门(档案室、情报部门、大数据中心等)。

2. *数据服务业*

数据服务业是指用专业的知识和技能给顾客提供策略解决问题的服务。例如,数据以及数据库的咨询、数据库建立以及升级、系统的创建和升级、增值网络服务等。数据服务业是专门以数据产品为社会服务的行业总称,是开发利用大数据资源并且实现其商业化、市场化、社会化的基础。

3. *数据软、硬件制造业*

数据软、硬件制造业是指从事数据相关的基础设备和软件的研发和制造的行业。

(二)大数据产业的发展

大数据产业在我国的发展主要体现在以下几个层面:

1. 在政策层面,大数据的重要性进一步得到巩固

党的十九大提出"推动互联网、大数据、人工智能和实体经济深度融合",习近平总书记在中央政治局集体学习中深刻分析了我国大数据发展的现状和趋势,对我国实施国家大数

据战略提出了更高的要求。

2. 在大数据产业的技术层面，大数据主要有以下几个发展趋势

（1）以 Hadoop MapReduce 为主的处理方式将与现有的批处理、流处理、图处理等其他数据处理方式并存，混合数据计算模式将成为主要处理手段。

（2）更大规模的数据处理与分析，对数据实时分析的需求越来越大。

（3）基于数据分析的方法多种多样，数据分析检测系统将极大地被需要。

（4）数据保密技术和方法越来越完善。大数据时代，数据以惊人的速度传播，数据泄露的概率也在不断增大，数据安全问题越来越被关注。

以分析类技术、事务处理技术和流通类技术为代表的大数据技术得到了快速的发展。以开源为主导、多种技术和架构并存的大数据技术架构体系已经初步形成。大数据技术的计算性能进一步提升，处理时延不断降低，硬件能力得到充分挖掘，与各种数据库的融合能力继续增强。

3. 在产业层面，我国大数据产业继续保持高速发展

大数据在 2018 年将深入渗透各行各业(对于我国大数据产业的规模，目前各个研究机构均采取间接方法估算。据前瞻产业研究院发布的《大数据产业发展前景与投资战略规划分析报告》数据显示，2017 年中国大数据产业规模达到 4 700 亿元，同比增长 30%；其中，大数据硬件产业的产值为 234 亿元，同比增长 39%。随着大数据在各行业的融合应用不断深化，预计 2020 年中国大数据市场产值将超万亿元。

4. 在应用层面，大数据在各行业的融合应用继续深化

大数据企业正在尝到与实体经济融合发展带来的"甜头"。利用大数据可以对实体经济行业进行市场需求分析、生产流程优化、供应链与物流管理、能源管理、提供智能客户服务等，这不但大大拓展了大数据企业的目标市场，更成为众多大数据企业技术进步的重要推动力。

随着融合深度的增强和市场潜力不断被挖掘，融合发展给大数据企业带来的益处和价值正在日益显现。根据大数据产业地图的统计，为金融、政务、电商三个行业提供大数据产品和解决方案的企业最多，分别占比 63%、57%、47%。但是实践中仍然面临着缺乏高质量数据、缺乏平台级工具、缺乏成熟商业模式等一系列问题，阻碍了实体经济行业充分利用大数据的价值。

5. 在地方大数据发展实践方面，区域协调发展正在形成

截至 2018 年 2 月底，我国各地方政府对外公布了超过 110 份大数据相关政策文件，覆盖全国 31 个省级行政区划。总体来看，我国大数据产业目前仍处于蓬勃发展阶段，各地更加注重结合当地发展特色和优势进行大数据产业发展，区域协调的发展局面正在形成。

在大数据的发展过程中，无论是政府还是企业，近年来都愈发关注数据治理和数据资产管理的重要性。2018 年 3 月，银监会出台《银行业金融机构数据治理指引》，要求银行金融机构建立自上而下、协调一致的数据治理体系。企业的数据资产管理也正在从理论走向实践，为大数据应用打下坚实的基础。为应对大数据发展带来的各种问题和需求，各国政府在立法方面也动作频频，在政府数据开放、个人信息保护和数据跨境流动方面都有了一些进展。无论是政策还是立法，都旨在实现数据价值的安全释放，提升数据管理的科学化水平。

我国要实现从"数据大国"向"数据强国"转变，还面临诸多挑战。一是技术创新与支撑

能力依然不够,我国无论是新型计算平台、分布式计算架构,还是大数据处理、分析和呈现方面与国外均存在较大差距,总体上难以满足各行各业大数据应用需求。二是信息安全和数据管理体系仍未建立,数据所有权、隐私权等相关法律法规和信息安全、开放共享的规范和标准缺乏或可操作性不强,技术安全防范和管理能力不够。三是人才队伍建设亟须加强,大数据人才远不能满足发展需要,尤其是缺乏既熟悉行业业务需求,又掌握大数据技术与管理的综合型人才。

未来,需要我们继续坚持国家大数据战略,审时度势精心布局,努力开拓大数据发展新局面,更好服务我国经济社会发展和人民生活改善。

四、大数据技术介绍

目前,大数据领域每年都会涌现出大量新的技术,成为大数据获取、存储、处理分析或可视化的有效手段。大数据技术能够将大规模数据中隐藏的信息和知识挖掘出来,为人类社会经济活动提供依据,提高各个领域的运行效率,甚至整个社会经济的集约化程度。

(一) 大数据技术生态

大数据技术生态的核心大致分为三个大块:数据采集和预处理,数据存储与管理,数据分析。

1. 数据采集和预处理

谈起开发大数据价值的第一步——数据采集,就不得不说一下感知技术。大数据的采集和感知技术的发展是紧密联系的。全世界的工业设备、汽车、电表上有着无数的数码传感器,他们随时可以测量和传递有关位置、运动、震动、温度、湿度,乃至空气中化学物质的变化等信息,并产生海量的数据信息。

随着智能手机的普及,感知技术迎来了发展的高峰期,除了地理位置信息被广泛应用外,一些新的感知手段也开始登上舞台,如谷歌眼镜 InSight 新技术可通过衣着进行人物识别;微软正在研发可感知用户当前心情的智能手机技术。

除此之外,还有很多与感知相关的技术革新让人耳目一新,如婴儿穿戴设备可用大数据养育宝宝;Intel 正研发可追踪眼球读懂情绪的 3D 笔记本摄像头;日本公司开发新型可监控用户心率的纺织材料;业界正在尝试将生物测定技术引入支付领域等。

事实上,这些感知被逐渐捕获的过程就是世界被数据化的过程,一旦世界被完全数据化了,世界的本质也就是信息了。

2. 数据存储与管理

采集了大量数据之后,我们需要存储这些海量的数据,大数据存储的目的是支撑大数据分析,而大数据存储与分析的共同基础是基于近些年兴起的分布式架构。

大数据的基本处理流程与传统数据处理流程并无太大差异,主要区别在于:由于大数据要处理大量、非结构化的数据,所以在各处理环节中都可以采用并行处理。在这方面,Hadoop 技术无疑已成了时代的明星。Hadoop 是一个开发和运行处理大规模数据的软件平台,是一个由 Apache 基金会所开发的分布式系统基础架构。用户可以轻松地在 Hadoop 上开发和运行处理海量数据的应用程序。它的优势在于其高可靠性、高扩展性、高效性、高容错性、低成本。Hadoop 是一个数据管理系统,作为数据分析的核心,汇集了结构化和非结构化的数据,这些数据分布在传统的企业数据栈的每一层。Hadoop 也是一个大规模并行处理框架,拥有超级计算能力,定位于推动企业级应用的执行。Hadoop 又是一个开源社区,主要为解决大数据的问题提供工具和软件。与一体机、商用数据仓库等数据集市相比,Hadoop 是开源的,以并行的方式工作,通过并行处理加快处理速度,因此,项目的软件成本大大降低。此外,Hadoop 依赖于社区服务器,任何人都可以使用。虽然 Hadoop 提供了很多功能,但仍然应该把它归类为多个组件组成的 Hadoop 生态圈,这些组件包括数据存储、数据集成、数据处理和其他进行数据分析的专门工具。

总体上,按数据类型的不同,大数据的存储和管理采用不同的技术路线,大致可以分为 3 类。第 1 类主要面对的是大规模的结构化数据。针对这类大数据,通常采用新型数据库集群。它们通过列存储或行列混合存储等技术,结合大规模并行处理架构(Massively Parallel Processing,MPP)高效的分布式计算模式,实现对 PB 量级数据的存储和管理。这类集群具有高性能和高扩展性特点,在企业分析类应用领域已获得广泛应用。第 2 类主要面对的是半结构化和非结构化数据。应对这类应用场景,基于 Hadoop 开源体系的系统平台更为擅长。它们通过对 Hadoop 生态体系的技术扩展和封装,实现对半结构化和非结构化数据的存储和管理。第 3 类面对的是结构化和非结构化混合的大数据,因此采用 MPP 并行数据库集群与 Hadoop 集群的混合来实现对百 PB 量级、EB 量级数据的存储和管理。对于不同的存储方式,都有其不同的应用场景,需要结合实际使用场合灵活变通地应用。

3. 数据分析

大数据分析即是从可视化分析、数据挖掘算法、预测性分析、语义引擎、数据质量管理等方面,对杂乱无章的数据,进行萃取、提炼和分析的过程。

(1) 可视化分析,指借助图形化手段,清晰并有效传达与沟通信息的分析手段。主要应用于海量数据关联分析,即借助可视化数据分析平台,对分散异构数据进行关联分析,并做出完整分析图表的过程,具有简单明了、清晰直观、易于接受的特点。

(2) 数据挖掘算法,即通过创建数据挖掘模型,对数据进行试探和计算的数据分析手段,它是大数据分析的理论核心。数据挖掘算法多种多样,且不同算法基于不同的数据类型和格式,会呈现出不同的数据特点。一般来讲,创建模型的过程是相似的,即首先分析用户提供的数据,然后针对特定类型的模式和趋势进行查找,并用分析结果定义创建挖掘模型的最佳参数,再将这些参数应用于整个数据集,以提取可行模式和详细统计信息。

(3) 预测性分析,是大数据分析最重要的应用领域之一,通过结合多种高级分析功能(特别统计分析、预测建模、数据挖掘、文本分析、实体分析、优化、实时评分、机器学习等),达到预测不确定事件的目的。帮助用户分析结构化和非结构化数据中的趋势、模式和关系,并运用这些指标来预测将来事件,为采取措施提供依据。

(4) 语义引擎,指通过为已有数据添加语义的操作,提高用户互联网搜索体验。

(5) 数据质量管理指对数据全生命周期的每个阶段(计划、获取、存储、共享、维护、应用、消亡等)中可能引发的各类数据质量问题,进行识别、度量、监控、预警等操作,以提高数据质量的一系列管理活动。

(二) 云计算

云计算概念产生于谷歌和 IBM 等大型互联网公司处理海量数据的实践。2006 年 8 月 9 日,Google 首席执行官埃里克·施密特在搜索引擎大会首次提出云计算的概念。2007 年 10 月,Google 与 IBM 开始在美国大学校园推广云计算技术的计划,这项计划希望能降低分布式计算技术在学术研究方面的成本,并为这些大学提供相关的软硬件设备及技术支持。

目前全世界关于云计算的定义有很多。云计算是基于互联网的相关服务的增加、使用和交付模式,是通过互联网来提供动态易扩展且经常是虚拟化的资源。美国国家标准技术研究院(NIST) 2009 年关于云计算的定义是:"云计算是一种按使用量付费的模式,这种模式提供可用的、便捷的、按需的网络访问,进入可配置的计算资源共享池(资源包括网络、服务器、存储、应用软件、服务等),这些资源能够被快速提供,只需投入很少的管理工作,或与服务供应商进行很少的交互。"根据这一定义,云计算的特征主要表现为:

(1) 云计算是一种计算模式,具有时间和网络存储的功能。

(2) 云计算是一条接入路径,通过广泛接入网络以获取计算能力,通过标准机制进行访问。

(3) 云计算是一个资源池,云计算服务提供商的计算资源,通过多租户模式为不同用户提供服务,并根据用户的需求动态提供不同的物理的或虚拟的资源。

(4) 云计算是一系列伸缩技术,在信息化和互联网环境下的计算规模可以快速扩大或缩小,计算能力可以快速、弹性获得。

(5) 云计算是一项可计量的服务,云计算资源的使用情况可以通过云计算系统检测、控制、计量,以自动控制和优化资源使用。

当今,大数据相当于海量的"数据库",那么伴随着这个数据仓库的产生与不断扩张,我们发现传统的应用正在变得越来越复杂:需要支持更多的用户,需要更强的计算能力,需要更加稳定安全等。而为了支撑这些不断增长的需求,企业不得不去购买各类硬件设备(服务器、存储、带宽等)和软件(数据库、中间件等)。另外还需要组建一个完整的运维团队来支持这些设备或软件的正常运作,这些维护工作就包括安装、配置、测试、运行、升级以及保证系统的安全等。企业会发现支持这些应用的开销变得非常巨大,而且它们的费用会随着你应用的数量或规模的增加而不断提高。这也是为什么即使是在那些拥有很出色 IT 部门的大企业中,用户仍在不断抱怨他们所使用的系统难以满足需求。而对于那些中小规模的企业,甚至个人创业者来说,创造软件产品的运维成本就更加难以承受了。

针对上述问题解决方案便是云计算。将应用部署到云端后,可以不必再关注那些令人头疼的硬件和软件问题,它们会由云服务提供商的专业团队去解决。使用的是共享的硬件,这意味着像使用一个工具去利用云服务,就像插上插座,你就能使用电一样简单。

云计算是一个降低数据分析成本的创新技术,它通过一体化、自动化、智能化的 IT 系统,将传统运维工作中的大量简单、重复性的手工工作通过软件实现,使运维人员有更多精力和条件,投入到整个服务生命周期当中。云计算是网格计算、分布式计算、并行计算、效用计算、网络存储、虚拟化、负载均衡等传统计算机技术和网络技术发展融合的产物,旨在通过网络把很多个成本相对较低的计算实体整合成一个具有强大计算能力的完美系统,并借助各种先进的商业模式把这强大的计算能力分布到终端用户手中。

云计算的一个核心理念就是通过不断提高"云"的处理能力,进而减少用户终端的处理负担,最终使用户终端简化成一个单纯的输入输出设备,并能按需享受"云"的强大计算处理能力。云计算的核心思想,是将大量用网络连接的计算资源统一管理和调度,构成一个计算资源池向用户按需服务。通俗来说,云计算其实就是让计算、存储、网络、数据、算法、应用等软硬件资源像电一样,随时随地、即插即用。鉴于云计算兼顾存储容量大、计算力强、安全、服务全面、弹性扩展、部署简便、即插即用和费用低廉等明显的优势,云计算已经成为把企业的大数据变成商机的首选方法。

云技术支持海量数据的存储。进入信息化时代之后,数据量在不断地增长,TB、PB级别的数据量已经司空见惯,这么大的数据量已经超出了单台小型服务器的处理上限,相应地,企业维护如此海量数据的成本也成指数级上升。企业应付数据量激增的传统的做法是采购大量的硬件设备,招聘更多的专业技术人员,搭建网络系统以支持数据的存储和处理,这不仅会耗费企业巨大的财力、人力和时间,还会增加系统维护的成本,在短期内给企业造成很大的经济负担。云计算天生具备大数据的存储能力,或者说,云计算就是为了处理大数据而诞生的。当遇到数据量激增时,企业使用云计算的弹性扩展服务,可以按需扩展系统的数据存储能力。

云计算支持对海量数据的快速读取和处理。存储数据的目的是为了提取数据,并且不是所有的数据都能直接用于数据分析,因此,在分析数据以获得有商业价值的分析结果之前,必须对数据做适当的处理。当数据量达到PB级别时,传统的数据读取技术不仅非常耗费时间,而且非常耗费系统的内存、计算和网络资源。在面对海量数据时,如果提取、处理和利用数据的成本超过了数据价值本身,那么有价值也相当于没价值。云计算拥有强大的数据处理能力,其分布式的、可扩展的设计能够应对海量数据的处理任务,比如,异常数据的处理、离群点的分析、数据质量的分析等。对于企业而言,云计算可以提供按需扩展系统的计算力和内存资源的服务,以低廉的价格实现大数据的提取和处理,为分析海量数据提供了可能性。云计算对资源的管理是弹性的。数据分析跟企业的日常事务相比,属于低频操作,但它对系统内存、计算力和带宽的消耗是十分巨大的。如果企业为了某一次或某几次的数据分析任务,而花费重金升级硬件设备,那么这会导致大量设备的闲置,降低资金的回报率。在这种情况下,使用云计算是应付大数据分析任务的不二之选,因为云计算服务管理的资源是弹性的,数据分析需要的资源,想什么时候要就什么时候要,想要多少就有多少;在不需要这些资源时,企业不需要为这些资源额外付费。

现在,我们将云计算定义为基于互联网的相关服务的增加、使用和交付模式。云计算甚至可以让用户体验每秒10万亿次的运算能力,也可以模拟核爆炸、预测气候变化和市场发展趋势。

云计算与大数据密切相关,因为实时的大型数据集分析需要分布式处理框架向数十、数百甚至数万台电脑分配工作。可以说,没有大数据的信息积淀,云计算的计算能力再强大,也难以找到用武之地;没有云计算的处理能力,大数据的信息积淀再丰富,也终究只是镜花水月。所以说,云计算是大数据得以发挥其价值的关键所在,没有云计算技术的成熟,就不能说大数据时代真正地到来了。

(三) 基于大数据的风险识别模型

1. 风险识别的思路

风险识别是一个动态实时的过程,企业应实时进行风险识别活动,辨识风险,对风险进行归纳总结,形成实时的风险数据库;在形成风险数据库之后还应随时进行风险识别活动,对风险数据库进行更新,确保风险数据库识别的风险为最新状态;及时反映企业面临的风险情况。

风险数据库是一个动态更新的状态表,集团公司及下属公司应对本企业内所有业务活动进行实时识别,及时反馈。风险识别的具体工作由信息收集及汇总、进行风险识别、形成风险数据库三部分组成。

在风险识别过程中,应针对不同的风险采取不同的风险识别思路及方法。

企业面临的风险可分为三大类,即企业层面风险、业务层面风险和专项层面风险,这三类风险在企业中基本涵盖了公司治理层级、业务流程层级以及重大事项等方面的全部风险,三大类风险的具体识别思路如下。

(1) 企业层面风险识别思路

基于广泛的内外部信息收集,通过与公司领导班子成员以及各职能部门负责人的访谈了解公司的基本运营情况,结合经过筛选、对比、分类、组合的风险管理信息,并在此基础上充分考虑世界经济形势、国家宏观政策导向、国家各部委有关风险管理的相关要求、行业最新发展变化趋势等因素,对企业所有面临的风险进行内源分析、外源分析,梳理出公司所面临的风险情况。

(2) 业务层面风险识别思路

按照具体业务内容和环节,以工作目标设置和分解为依据,以风险信息为参照,通过对企业的所有业务流程进行梳理,并以管理颗粒度为基础,标注风险控制点,编制风险控制矩阵,形成流程化的风险管控。流程化的风险管控是风险管控在业务运营层面的整体衔接过程,是风险管控的主要工作。

(3) 专项层面风险识别思路

对企业重大管理事项进行调研、分析,识别出事项存在风险。例如,重大投融资活动、重大资产处置活动等。专项层面风险的识别应该由专项活动的负责部门发起,相关战略、财务、人力、风控、审计等部门协调配合,出具相关风险管理意见和建议,并构建专家小组集体讨论专项活动所面临的风险,形成专项活动所面临风险的报告,作为决策层进行专项活动决策的依据。

2. 风险识别的方法

在风险识别过程中,企业应动态识别影响公司战略目标及相关目标实现的内外部各种不确定因素。在具体识别风险时,需要综合利用一些专门技术和工具,以保证高效率地识别风险且不发生遗漏,这些方法包括德尔菲法、头脑风暴法、SWOT 分析法、检查表和图解技术等。

3. 风险识别的具体操作

(1) 信息收集及汇总

信息收集是企业风险识别工作的基础,通过全面持续地收集相关信息,并结合实际情况,能够确定企业风险管理目标,进而开展风险识别与分析工作。

应根据设定的控制目标,收集与公司风险相关的内外部信息,并对收集的数据和信息进行反复核实、不断验证,以确保信息本身的真实、可靠,通过必要的筛选、提炼、对比、分类和组合对风险进行识别,以便开展对企业所面临风险的识别。

(2) 进行风险识别

在企业日常风险管理过程中,相关风险管控人员可以通过信息收集工作了解行业内的业务情况及风险情况,了解企业经营管理过程中的制度、流程、表单、重大业务事项及暴露出的风险情况,然后运用风险识别方法对公司风险进行识别。企业风险识别的具体分类包括战略风险、财务风险、市场风险、运营风险和法律风险。

(3) 形成风险数据库

风险数据库是在汇总分析风险识别情况的基础上,通过综合分析所面临的风险,确认风险存在后而填制的,风险数据库是企业全面风险管理的基础。

企业审计风险部门也可以通过访谈、调查等方式定期收集风险信息并更新风险数据库。

除此之外,审计风险部门还可以根据业务流程风险、内部审计结果和内部控制评价结果对公司风险数据库进行更新。

风险数据库如表2-1所示。

表2-1 风险数据库

风险编号	风险名称	风险描述	风险类别	二级类别	机构	当前版本	创建时间
01	采购过程执行风险	请购手续、采购订单(或采购合同)、验收证明、入库凭证、采购发票等文件和凭证的缺失,未进行相应的核对,或者核对不符	运营风险	采购管理	公司采购部	1.1	2017/1/1

(四)基于大数据的风险预警机制

1. 风险预警监控的设计思路和程序

风险预警监控指的是企业根据风险对象的特点,通过收集相关的资料信息,监控风险因素的变动趋势,并评价各种风险状态偏离预警线的强弱程度,向决策层发出预警信号并提前采取预防性对策的控制活动。

因此,要构建企业风险预警体系必须先构建风险预警规则、风险预警指标,并对相应标准类别加以分析处理;然后,依据上述标准,对评价指标体系进行综合评判;最后,依据评判结果设置预警区间,对相关风险进行预警和监控。

在重大及重要风险控制方案实施过程中,审计风险部门应对所发现的重大及重要风险进行整改实施的过程监控,建立动态监控预警体系和提示机制,并根据风险的实际情况合理划分风险预警区间,判断风险值处于正态状态、警戒状态还是危险状态,对于处于警戒或者危险状态的风险事项,应建立预警提示机制。

2. 风险预警监控的编制

风险预警规则是对事项的"是否"进行的逻辑判断,专门预警审批事项"是否"审批通过与不通过。一般基于业务流程中的关键风险控制点编制。

风险预警规则编制示例如表2-2所示。

表2-2 风险预警规则编制示例表

序号	管理模块	规则名称	规则定义
1	采购管理	大宗商品采购	大宗商品必须有招标目录清单及金额规定
		大宗商品采购	大宗商品采购包含原材料和固定资产采购,必须有采购计划和采购预算
		原材料入库	原材料待检入库前的存放安全责任,公司不承担任何责任,必须写进合同
		原材料入库	原材料入库前,必须经过质检部门的验收,必须符合规范要求,否则禁止入库
		库存商品发货	产品出库必须有销售部门的发货通知单和财务收款审核的放行单,严禁违规操作
		存货盘点	仓库存货每月或每季度盘点1次,盘点记录必须有财务人员、审计人员、库管员、仓储主管的签字,严禁虚假记录
		外埠库存商品调拨	外埠库存商品调拨的"时间周期"是预警指标之一,以库存药品外埠调拨为例,就要设置药品近效期的预警,药品近效期前6个月,必须上报商务部,商务部必须在多少个工作日答复调整

3. 风险预警监控操作

公司可以运用风险管控系统或者其他办公工具,基于以上方法,构建自身的风险预警监控体系,对公司的风险进行实时监控。

第二节　大数据下的内部控制特点

在没有大数据以前,企业风险管控大多依托主观上的经验判断,数据在那时也只是起到辅助作用,这导致企业的风险管控能力较差。在现如今社会经济"新常态"下,企业正处在内外部竞争压力"双夹"环境,依托数据感知风险并提升企业的风险管控能力及水平,成了企业转型升级的必然选择,由此提升整体竞争力显得更加重要。只有这样,才能够为企业实现可持续发展奠定良好基础。

一、大数据背景下企业内部控制面临的挑战

企业在大数据背景下存在的内部控制问题,主要表现为信息渠道局限,且企业数据共享平台尚未建立和完善;企业内部信息严重缺乏安全性,控制风险比较高;企业内部控制环境不够完善;企业内部控制管理缺乏一定的约束性。

1. 信息渠道局限,且企业数据共享平台没有建立和完善

虽然社会经济的快速发展,推动企业朝向信息时代发展,但是结合实际,我国多数企业所使用的内部控制系统过于传统,这就使得企业在管理信息化水平比较低,且严重影响信息处理效率。另外,还有不少中小企业会计部门还是以手工记账的方式为主,对于这种方式,严重影响工作效果。

2. 企业内部信息严重缺乏安全性,控制风险比较高

结合实际发现,有关企业信息及内部控制系统的安全性一直都是企业在内部控制中比较容易忽视的环节。随着信息时代的到来,企业所掌握的信息逐渐从原先纸质版本转为电子信息形式。对于这种纸质资料的减少,在很大程度上避免员工进行重复性工作的行为,但是也难免会影响企业的安全性。具体表现在,数据被恶意篡改、相关信息被肆意删除等。针对这些问题,企业必须要对此予以足够的重视。

3. 企业内部控制环境不够完善

由于我国企业内部将结构具有一定的繁杂性,且需要每个员工共同参与努力。但是在当前大数据时代下,企业员工在文化水平和素质上参差不齐,因而在实际中对企业发展目标也不够理解。这也在一定程度上影响了企业管理者获取内外部信息的速度,进而严重影响企业发展。

4. 企业内部控制管理缺乏一定的约束性

随着大数据时代的到来,企业所需要承担的社会责任和品牌效应已经逐渐成为其发展的重要驱动力,因而要对此予以足够的重视。但是在实际工作中,不少企业因不注重对企业文化的管理,使得人员在工作中缺少较为统一的标准。对于企业而言,在自身发展中没有树立良好的形象,则无法让社会大众感受到该企业所具有的社会责任感。

二、基于大数据内部控制的策略

在大数据时代,数据对于企业的影响更加深远,因此有必要针对上述企业内部控制中存在的问题进行分析和研究,提出更有效的策略,使企业可以正常运行,在市场竞争中立于不败之地,不断获取更多的经济效益,确保经济能够实现可持续发展。

1. 控制信息渠道和质量,建立大数据管理部门

大数据可以将非结构数据全部纳入实际报表中,将企业规划为定性指标量化设计,能够在大数据下实现,使得数据交流更加密切。为使得非结构数据在企业中展现得更加系统,因受企业内部要构建良好的信息管理制度影响,该制度的确立会严重影响整个企业的运作和发展。例如,企业可以借助流程化管理制度对内部控制进行严格管理,财务信息内容的收集、支出、核算和报表等所有工作都要借助大数据进行合理统计和分析,在不断优化流程的基础上提升数据应用的质量和效果。

2. 财产保全为主,合理控制风险

财产保全就是确保企业物资完整和健全,与风险控制之间一定要相互配合、协调和促进,对企业内部的财产进行合理控制和分析,对企业内固定资产和流动资产进行分析和研究,借助财产对风险进行合理控制,从而可以实现企业资产的有效保全和增值等。要想长久保全企业财产,就要做到以下几方面的工作。

(1) 明确企业内部资产保管责任和机制等,整个过程一定要依据实际情况进行分析和研究,制定符合企业发展的资产机制,在一般情况下要依据企业资产管理需求,制定符合企业运行和发展的资产管理对策等。

(2) 盘点内部财产,财务人员一定要做好企业内部财产管理工作,对企业财产进行合理统计和分析,将企业内部拥有的固定资产、流动资产、人力以及其他内容等进行综合分析和研究,此方法是不断优化和提升企业财务统计的基本性工作内容。

(3) 做好保险,为保证企业实际资产在大数据下的安全性,企业要对投资过程中存在的风险进行分析和研究,不断降低企业财产经济损失,使得企业可以在大数据下赢取更多经济效益。要保全资产内容,对资产保值增值等内容上进行,使企业内部资产管理更加合理,提升风险管理水平,使固定资产可以在企业中有效保全,对于固定资产内容有效分析,在存续和投保等阶段进行合理管理,采用分级形式对其进行阶段性管理,进而可以对企业资产进行合理管理,使企业保值和增值更有效果,通过内部合理控制减少企业风险。

3. 建立大数据部门,科学有效管理

在大数据时代,数据属于企业发展中的资产内容,要想不断提升企业经济效益,就要设置专业人士负责企业内部的数据开发和维护等。例如,可以在企业内建立大数据管理部门,将企业内所有数据全部纳入部门管理,进而可以对企业数据信息进行合理挖掘和分析,使数据可以企业中发挥出自身价值和作用。企业除了要在大数据时代建立大数据部门,还要和其他企业之间建立联系,对企业未来市场发展和机遇等做出规划和分析,确定企业发展战略性目标,对财务信息内出现的风险和优势进行分析,对于企业出现的违规现象进行分析和研究,针对产品合理设计和营销等情况进行预算。大数据部门在对企业信息分析过程中,要及时和其他部门建立互动机制,针对大数据机制进行详细分析和研究,将企业内部的信息全部挖掘出来,结合时代变化对大数据进展方向和应用对策进行调整和完善。

大数据部门还要随时随地记录员工工作的具体时间和内容,将所有工作都完成,不断提升企业工作的整体质量和效率;可以通过大数据引入一些图片、视频和音频等内容,制定一定标准对企业人员进行衡量和考核。审计委员要建立大数据对员工行为等进行分析和研究,对评估人员的违规和合规行为进行分析,并且还可以对预测员出现的舞弊现象进行分析,这些都是大数据部门应该具有的基本功能。

大数据是企业发展中最主要的部门,因此一定要选择适合的人员对其进行合理监督和管理,引领企业大数据部门朝着正确方向发展,并且大数据专业人员还要选择专业人员对企业内部信息和各种内容进行合理管理。在建立大数据部门时,委员会人员应该是董事会人员,并且在整个工作中具有一定的监督权和查阅权。

4. 发挥监督作用,提升内部控制质量

在大数据时代,信息更容易被接受,获取信息的途径和渠道更加丰富,需要的数据查找更加便利,借助数据仪表盘等实现数据的可视化工作,对企业内部进行动态管理和监督。企业管理者要及时掌握内部基本信息,及时掌握企业运营实际情况以及出现的问题等,不过随着大数据理念的深入和发展规模不断扩大,企业需要面临大量无用的信息和数据内容,导致企业质量不断下降。

在大数据背景下,非结构化数据的比例不断提升,使得会计信息不断发生变化,信息结构也在不断变化。企业会计信息中存在的非结构化数据可以最直接展现出企业实际情况和状态,将企业内部文化和工作人员的积极性等全部展现出来。因此在大数据时代,企业要对内部的所有信息进行合理分析和研究,并且要注重信息的准确性和真实性,确保所有信息都对企业发展有价值和意义,尽可能减少非系统化的错误。这也对企业大数据建设提出了全新的考验,随着时代变化,信息不断丰富和增多,结构不断优化,信息种类也不断演变,会计监督工作中的所有标准将不在适合时期的发展要求,需要对会计信息提出全新的标准和需求,使大数据可以充分发挥自身的作用。此外,企业在发展中要注重信息来源和途径等,建立统一标准进行管理,促进企业实现可持续发展。

三、基于大数据技术的内部管理方式方法

基于最新的大数据技术,企业在内部控制中不断产生新的方法来防范上文所提到的一些风险。进行企业生产经营活动收集、加工、处理、传递的数据处理技术,经历了手工处理、机械处理、电子计算机处理、网络化处理四个阶段,开发企业资源规划系统(Enterprise Resource Planning,ERP),建立企业外部网、内部网,使企业数据得以共享,消除"信息孤岛",完成企业各种信息的集成,有利于加强内部各个部门沟通,提高企业内部控制能力。在内部控制中的应用包括构建会计云计算平台、财务共享中心、大数据内部控制 3.0 技术等。其具体内容将会在本书之后的章节具体阐述。

信息系统业务循环以数据为基础,数据主要来自公司已有的信息系统数据及外部行业数据(如 ERP、MES 等)、非信息化的业务手工上报数据和运用爬虫技术搜集的行业数据。通过对数据进行分析,发现公司存在的缺陷、疑点和问题。针对公司存在的缺陷、疑点和问题参照政策法规和公司制度,发现公司存在的风险。除此之外,通过对公司违规损失进行分析,识别公司风险事件,最终形成公司风险数据库,以风险数据库为基础,对公司风险进行管理,制定控制措施,控制措施的效果会以数据的形式流回公司总体数据中,通过企业业务循

环进行风险管控,通过内部审计与评价对业务及流程进行全年监控,实现业务可控可查,形成公司风险管控工作的闭环管理。

大数据改变了风险监控的手段,比如对企业内部风险的识别和审计模式的改变。原来的识别模式、审计模式是通过业务梳理及业务抽样的方式进行,现在是通过大数据的方式实现企业数据的整合和实时监控。现在的企业风险管控模式是"互联网+大数据+风控",今后突破的重点也是大数据在风险管控方面的应用,特别是基于人工智能的风险管控模型。

对于大数据监控平台的构建将分为两步:

第一步,将内部和外部的所有数据打通。例如,建立审计数据中心整体抓取内部数据,以及通过对接企业大数据平台来抓取行业的相关数据。

第二步,开发数据抓取和其他相关的市场数据搜集技术,以构建风险管控智库,主要目的在于帮助企业解决如风险在哪、如何管控、行业正在发生什么事、竞争对手在做什么等关键市场预测问题。

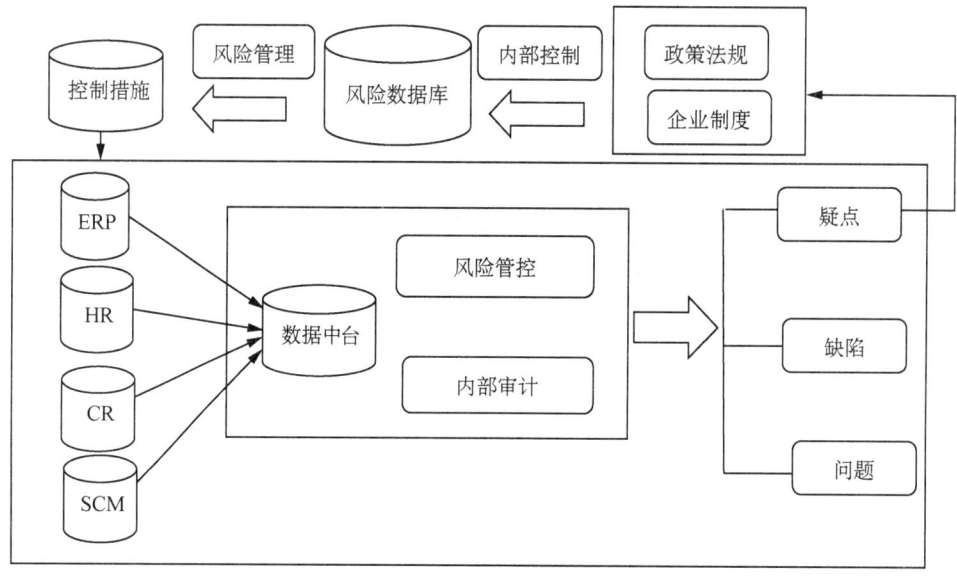

图 2-1 大数据风控业务循环图

第三节 人工智能技术及其在内部控制中应用

得益于大数据的发展和社会的进步,诸多新兴技术方兴未艾,其中关于人工智能技术的应用和发展愈加受到重视,人工智能技术的智能化、自动化以及自身强大的数据分析能力,令其技术优势受到社会各界广泛关注,在企业内部控制中也有应用。

一、人工智能的概念

计算机科学家约翰·麦卡锡(John McCarthy)在 1955 年提出了"人工智能"(Artificial Intelligence,AI)一词。他认为"原则上,学习的每一方面或智能的任何其他特性都能精确地加以描述,使得机器可以对其进行模拟。"

总的来说,人工智能是研究使计算机来模拟人的某些思维过程和智能行为(如学习、推理、思考、规划等)的学科,主要包括计算机实现智能的原理、制造类似于人脑智能的计算机,使计算机能实现更高层次的应用。人工智能涉及计算机科学、心理学、哲学和语言学等学科。可以说几乎是自然科学和社会科学的所有学科,其范围已远远超出了计算机科学的范畴。人工智能与思维科学的关系是实践和理论的关系,人工智能是处于思维科学的技术应用层次,是它的一个应用分支。从思维观点看,人工智能不仅限于逻辑思维,要考虑形象思维、灵感思维才能促进人工智能的突破性的发展。数学常被认为是多种学科的基础科学,人工智能学科也必须借用数学工具,数学不仅在标准逻辑、模糊数学等范围发挥作用,还进入人工智能学科,它们将互相促进而更快地发展。

尽管人们已经对 AI 进行了数十年的研究,但直到最近,AI 背后的技术才兴旺起来并开始应用于各种可用的工具。AI 的支柱是训练计算机,即利用大数据源来识别模式并完成所需的计算任务和关系任务。要使 AI 系统成功运行,需要进行人工查询、指导和观察。

二、人工智能技术及其应用领域

1. 智能感知

智能感知不仅包括通过各种传感器获取外部信息的能力,也包括通过记忆、学习、判断、推理等过程,达到认知环境和对象类别与属性的能力。智能决策是指在对环境和对象智能感知的基础上,为达到某种目的,经过再次记忆、学习、判断、推理等过程,给出行为决策的能力。

智能感知技术主要涵盖了以下几个人工智能应用领域。

(1) 模式识别。模式识别是对于表征事物或现象的各种形式(数值、文字和逻辑关系等)的信息进行处理和分析,以对事物或现象进行描述、辨认、分类和解释的过程。模式识别领域,基于神经网络的人工智能技术已经成功地应用于手写字符识别、汽车牌照的识别、指纹识别、语音识别、字符识别等方面。

(2) 计算机视觉。计算机视觉旨在对描述景物的一幅或多幅图像的数据经计算机处理,以实现类似于人的感知、感觉功能。

(3) 自然语言处理。自然语言处理是用计算机对人类的书面和口头语言信息进行处理加工的技术,它涉及语言学、数学和计算机科学等多学科知识领域。

2. 智能推理

逻辑是人脑思维的规律,也是推理的理论基础。机器推理或人工智能推理用到的逻辑主要包括经典逻辑中的谓词逻辑和由它经某种扩充、发展而来的各种逻辑,后者通常称为非经典或非标准逻辑。上述逻辑为机器推理提供了理论基础,同时也开辟了新的推理技术和方法。

例如,对数学中臆测的定理寻找一个证明或反证,就是一项智能任务。该任务不仅需要有根据假设进行演绎的能力,而且需要某些直觉技巧。1976 年,美国的埃皮尔(K.Appel)教授团队解决了困扰数学界长达 124 年之久的"四色问题",他们用了 3 台大型计算机,花去 1 200 小时 CPU 时间,并对中间结果反复修改 500 多处。我国吴文俊院士提出并实现的几何定理机器证明方法——"吴氏方法",是定理证明领域的一个标志性成果。

智能推理的又一项应用是在搜索技术上。所谓搜索,就是为了达到某一"目标",而进行连续推理的过程。搜索技术就是对于推理进行引导和控制的技术。搜索技术也是一种规划技术。在人工智能研究初期,"启发式搜索"算法曾一度是人工智能的核心课题。近年来,人们又将神经网络技术用于问题求解,开辟了问题求解和搜索技术研究的新途径。例如,Hopfield 网络解决 31 个城市的旅行商问题,已取得很好的效果。

近年来,大数据知识工程的顶层设计被提出。大数据知识工程的基本目标是研究如何利用海量、低质、无序的碎片化知识进行问题求解与知识服务。该项目将以领域开放知识源为对象,通过碎片化知识挖掘与融合,建立具有增值、适配、群智特点的 PB 级数据与知识中心,并研制出具有碎片化采集、挖掘、分析、融合、导航等功能的系列化工具软件,为研究成果的应用提供技术支撑。

3. 机器学习

机器学习是使计算机具有智能的根本途径。机器学习研究计算机怎样模拟或实现人类的学习行为,以获取新的知识或技能,重新组织已有的知识结构,使之不断改善自身的性能。学习方法通常包括:归纳学习、类比学习、分析学习、连接学习和遗传学习。

其中,人工神经网络是现在流行的一种学习方法。人工神经网络的工作原理模仿了人类大脑的某些工作机制。这种计算模型与传统的计算机的计算模型完全不同。从计算模型上看,它是由大量简单的计算单元组成网络进行计算。这种计算模型具有鲁棒性、适应性和并行性。这是传统计算所没有的。对神经网络模型、算法、理论分析和硬件实现的大量研究,为神经网络计算机走向应用提供了物质基础。现在,神经网络已在模式识别、图像处理、组合优化、自动控制、信息处理、机器人学和人工智能的其他领域获得日益广泛的应用。神经计算的可扩展性和可理解性是采用神经网络技术解决现实问题必须面对的困难。任何神经网络方法都要经受问题规模和海量数据的考验。

深度学习是机器学习领域中一个新的研究方向,它被引入机器学习使其更接近于最初的目标——人工智能。深度学习是学习样本数据的内在规律和表示层次,这些学习过程中获得的信息对诸如文字、图像和声音等数据的解释有很大的帮助。它的最终目标是让机器能够像人一样具有分析、学习能力,能够识别文字、图像和声音等数据。深度学习是一个复杂的机器学习算法,在语音和图像识别方面取得的效果,远远超过先前相关技术。

大数据产业的发展又催生了数据挖掘与知识发现这方面机器学习的发展。近年来,数据挖掘引起了信息产业界的极大关注,其主要原因是存在大量数据,可以广泛使用,并且迫切需要将这些数据转换成有用的信息和知识。获取的信息和知识可以广泛用于各种应用,包括商务管理、生产控制、市场分析、工程设计和科学探索等。数据挖掘是人工智能和数据库领域研究的热点问题,所谓数据挖掘是指从数据库的大量数据中揭示出隐含的、先前未知的并有潜在价值的信息的非平凡过程。数据挖掘是一种决策支持过程,它主要基于人工智能、机器学习、模式识别、统计学、数据库、可视化技术等,高度自动化地分析企业的数据,做出归纳性的推理,从中挖掘出潜在的模式,帮助决策者调整市场策略,减少风险,做出正确的决策。知识发现过程由以下三个阶段组成:①数据准备;②数据挖掘;③结果表达和解释。数据挖掘可以与用户或知识库交互。

4. 智能行动

智能行动主要包括但不仅限于以下几个应用场景。

（1）智能检索。对国内外种类繁多和数量巨大的科技文献之检索远非人力和传统检索系统所能胜任，研究智能检索已成为科技持续快速发展的重要保证。

（2）智能调度和指挥。确定最佳调度或组合的问题是人类感兴趣的又一课题。一个古典的问题是推销员旅行问题，要求为推销员寻找一条最短的旅行路线。智能组合调度与指挥方法已被应用于汽车运输调度、列车的编组与指挥、空中交通管制以及军事指挥系统等。

（3）智能控制。智能控制是驱动智能机器自主地实现其目标的过程。许多复杂的系统难以建立有效的数学模型和用常规控制理论进行定量计算与分析，而必须采用定量数学解析法与基于知识的定性方法的混合控制方式。智能控制目前涉及较多的是以下 6 个方面：智能机器人规划与控制、智能过程规划、智能过程控制、专家控制系统、语音控制以及智能仪器。

三、人工智能在内部控制中的应用

人工智能技术在企业内部管理体系中加以应用，可以从审计工作加以执行实验。人工智能技术在企业内部控制中的应用优势主要有以下三点。

1. 提高企业管理水平，保障评判结果的公正客观

在企业内部管理的审计工作中，其最大的工作难点就是客观公正性有待提升，人工智能技术能利用计算机对数据进行分析处理，在海量的数据支撑下，能保证审计的正确性和科学性。同时因为机器不会掺杂人类的情感，因此在企业内部控制中能减少思想因素导致的控制结果造成偏差，进而导致考核失衡、员工之间不平衡的心态加重等诸多问题的发生。人工智能技术应用于企业的财务管理工作，能提高财务管理的准确性。人工智能技术能借助机器的"大脑"尽可能保证输出结果的客观、公正和准确，因此非常适合诸如审计、财务等需要高度数据准确性的部门工作。

2. 减少管理人员工作量，提升工作效率

长期的审计和财务审核工作对人的体力和精力的消耗非常大，加上人为主观因素的影响，在疲惫或者状态不佳的情况下企业管理人员的工作效率和工作的准确度会有明显下滑，很容易导致工作失误和结果偏差，导致不能给管理人员一个准确的企业运营评定。采用人工智能技术能减少工作人员的工作量，机器劳作能大幅提升工作效率，加上人工智能系统的使用和操作只需要很少的人力，节省下来的人力资源能为企业创造更大的价值。

3. 创造更大的经济价值，减少企业成本支出

对于企业来讲，尽管花费资金购入人工智能技术相关设备和软件是一笔巨大的投资，但是因为人力成本的投入是持续不断的，相比雇佣大批员工进行人工作业，人工智能的优势更明显，企业在投资买入后可以长期使用，并且不存在加班、休假等问题，能够长时间作业。大量雇佣人力需要占用更大的办公空间，其对公司的运营成本来讲是种负担。人工智能技术能帮助企业创造更大的经济价值，有效降低企业的生产成本和运营成本，因此在未来发展中企业应用人工智能技术，是人员精简和企业结构调整的必然趋势。

从人工智能技术在企业内部控制中的实践来看，其主要包括：

（1）研发智能管理软件，搭建统一化智能化企业管理平台。将人工智能运用到企业内部控制中，需要企业搭建统一的智能化管理平台，将各部门之间的业务统一协调，并且逐步集中到线上执行控制工作，逐渐加强各部门之间的联系，建立部门与部门之间的数据共享平台。此外可以研发并使用智能管理软件,例如,部分企业已经研发出营销专家智能系统,通过让人工智能"学习"市场上营销专家的营销经验,形成完善的知识体系,进而对企业的营销和发展状况进行评估、对企业未来发展走向进行合理推断,以便为决策者管理公司提供依据。同时可以将人工智能技术加入决策中来,分析处理数据给出多个解决方案,只要决策者选择即可。企业应当重视人工智能知识库的搭建,不断为人工智能系统下的专家系统、决策系统、审计系统、财务系统提供理论支持。

(2)创新管理体制,实现企业内部控制管理的智能化。人工智能系统的建设应当以公司为单位实施,其中涵盖公司的所有部门、工作人员的基本信息,初步的人工智能系统搭建应当能满足员工上下班打卡、出勤评定的基本任务,并且上传至数据库进行绩效评定。在输入特定的算法以后,借助人工智能开展审计、财务等公平性和准确性较强的工作,在逐渐成熟以后再为企业内部的风险控制和战略部署做出最客观最准确的数据支撑,方便决策者管理公司。在企业内部控制管理中加入人工智能技术是一个循序渐进的过程,系统设计师可以根据企业内部的组织架构和评定标准进行深入把控,并且对各部门的职能进行明确的划分和评定,将工作落实到个人,员工在完成工作后进行打卡或者确认,人工智能根据其工作结果进行绩效考核。因为很多工作都是相互联系的,这也要求企业的人工智能系统的子系统能形成一个闭环,例如,很多工作既要管理层执行也要财务执行,那么子系统中的管理系统和财务系统都要进行运行分析,并且各部门之间的数据是可以共享的。

从人工智能对内部控制的影响来看,其主要集中在内部审计、财务机器人、经济决策等方面。内部审计方面,利用人工智能解决信息传递速度与成本之间的困难,让审计人员从枯燥烦琐的体力劳动中解放出来,将精力与时间集中在提高审计质量,提升内部控制水平之上。财务机器人方面,财务机器人有深度学习、精准可靠、高效低耗和快速反应等优势,其出现必将进一步简化企业的管理流程,降低管理成本等;但同时也给财务行业带来巨大挑战,基层会计将面临失业或转岗再就业的压力,传统财务理论将经受挑战,内部控制亦会面临新的难题。经济决策方面,人工智能的出现可以帮助财务人员区分有用与无用信息,及时、便捷、科学地做出财务决策,这对企业的内部控制经营至关重要。

学界普遍认为,大数据、人工智能等信息技术的发展在推动企业内部控制优化的同时,也会带来诸多风险。因此还需要分析上述两大技术在企业内部控制领域的应用与可能隐含的风险,并探索风险规避的方法,以期对企业发展有所帮助。

四、基于人工智能与大数据的风险识别模型

这里,我们将通过风险识别模型来看看人工智能及大数据是如何助力内部控制的。

1. 基于深度机器学习算法DBNs的风险识别模型

在进行风险识别的机器学习模型训练中,传统的机器学习算法往往会遇到一个无法解决问题的,那就风险样本数据不足,能够提取的特征有限。因为在正常的生产环境中,无害数据远远大于有害数据,而基于统计学的传统机器学习算法只有在大量的、高质量的样本数据训练下才能得到比较理想的识别模型。基于深度机器学习DBN算法的风险识别模型的思想是使用可以使用有限无害数据进行训练,通过多层神经网络(RBM)的迭代来进行多维度、多层次的学习,这来快速的增加学习得到特征数量,这种通过RBM叠加进行贪婪逐层学习的方法在很多领域都取得了很好的效果。

2. 大数据和人工智能视角下的银行业风险防控

在银行业的风险控制领域,实践证明,遵循监管要求和技术进展,人工智能技术的应用也有深与浅之分。初级阶段,以短平快、切口小为特点,大数据和人工智能在此阶段只是对传统银行风险控制手段的补充,如在开户环节的信息核验、黑白名单匹配、人脸识别等,通过简单规则的判定和匹配,辅助银行进行风险决策。规则的创建依赖专家经验和已发生风险事实,无法针对新的风险模式自动更新,风险控制规则容易被欺诈者得知后绕过。总体来说,在此阶段,模型算法需要依赖人工事先定义的规则告诉程序如何区分好与坏,还无法学会如何区分欺诈和正常案件。高级阶段,是在大数据和人工智能技术不断成熟,相关外部数据进一步开放,市场培育达到一定阶段后,通过使用人工智能技术构建风险控制模型,并将模型应用到如,授信定价、贷前审核、贷后监控、交易欺诈侦测等细分业务流程中。在此阶段,通过不断向算法"喂数据"(训练模型),算法自己学会了如何区分好与坏,在模型精度和适用性上有了质的提升。

在将大数据和人工智能技术应用于风险管理领域,已经有了一系列的应用实践和解决方案,其中之一是智能模型。智能模型是一种欺诈风险量化的模型,最典型的是监督型机器学习模型,基于可观察到的交易特征变量和给定"正确答案"的案件数据,模型从正确的答案中学习什么是好的,什么是坏的案件,从而进行正确的风险预测。同时,在一些交易、账户登录等场景应用无监督机器学习模型,在没有"正确答案"的标签数据的情况下,通过分析欺诈用户和正常用户行为模式的异同,识别欺诈风险。另外,是在信贷场景中,基于用户的多维度数据,利用信用评分的建模方法,研发一款大数据产品。它综合了用户信用相关的多维度信息,描述了用户的信用等级,衡量用户的还款能力和还款意愿。

3. 基于 AI 和大数据技术的智能风险检测与溯源机制

开发基于 AI 和大数据技术的智能风险检测与溯源平台,实现实时采集并深度解析流量数据,采用大数据技术结合 AI 智能、统计模型、调查画布、攻击画像、交互式数据图谱等分析手段,并应用事件关联与自定义实体网络分析,识别流量的异常行为等安全隐患,并进行攻击溯源,调查取证,进而构建新一代以数据分析为核心的威胁检测与响应机制。

第四节 大数据下基于个性化需求的内部控制信息披露

当前内部控制信息的披露质量良莠不齐,很多不足之处逐渐显露。首先,内部控制信息披露过于简单,很少涉及实质性内容,无用的信息披露过多,既不符合《上市公司内部控制指引》提出的突出企业自身特点,又不能揭示其内部控制系统的缺陷。其次,由于《企业内部控制自我评价指引》和《上市公司内部控制指引》等文件仅仅做出一个模糊的框架,而没有对内部控制五要素的披露内容做出清晰明了的限定,因此同一企业不同时期及同一时期各个公司披露的内容、格式不统一,企业间的可比性不强。最后,部分上市公司考虑到自身经营状况不佳,经营风险比较大,为了避免向外部传递不利的信号,于是没有很强的积极性去披露内部控制信息。这些现象严重制约着内部控制信息使用者对上市公司风险的评估,阻碍资本市场信息不对称的改进,增加企业的融资成本,并且加剧资本供求双方之间的道德风险和逆向选择,从而将严重导致我国资本市场的失灵。因此,需要另辟蹊径,对我国上市公司当前的内部控制信息披露进行优化。

一、大数据背景下的内控信息优化思想

现代经济社会很早就提出了"以客户为中心"的服务理念,强调把满足客户的需求作为企业生存和发展的必要条件。同样,内部控制信息使用者——投资者、潜在投资者、债权人和监管者等,由于他们为企业提供经营资金、保障企业合规经营,因此,我们同样也应该把他们归为企业的"客户"。为了更好地服务这些"客户",我们有必要对他们进行个性化的了解,以更好地为其服务。然而,传统的方法只是通过一些结构化的维度对它们进行分析,也提出了一些基本的规范来提高披露的效率和效果,但从我国上市公司内部控制信息披露现状来看,当前的披露质量难以满足内部控制信息使用者的需求,进而增加企业的融资成本,影响企业绩效和资本市场的运营效率。因此,必须在此基础上更进一步了解内部控制信息使用者的需求,提供更多他们真正需要的信息。于是,大数据时代的到来将会很好地解决这一难题。

在大数据时代,我们跳出了以部分样本来研究总体的局限,强调对全部对象进行研究,即"样本二总体",通过对研究对象全部相关信息进行收集并加以分析,萃取出研究对象的需求趋向,就能够在更高的概率水平上满足需求者的心理预期,这样我们就能大大提高决策的效率和准确性。目前对大数据的应用逐渐趋于成熟,尤其是在提供大数据分析业务的第三方(如 IBM 大数据平台)市场逐渐迅速成长的情况下,企业对内部控制信息使用者进行全面个性化的分析已经成为可能,如果能够抓住时机为这些特殊的"客户"提供个性化的"服务",即相应的内部控制信息,就能进一步保证融资稳定和经营安全,同时也将有助于维持整个资本市场生态稳定。

基于上述分析,我们可以从大数据的大量化、多样化、快速化和价值化着手,对当前的内部控制信息披露进行进一步优化。

1. 大量化

大数据首先要体现一个"大"字。大数据的内容必须能够反映公司内部控制各方面收敛于全部的信息。其次,还要能够考虑到收敛于全部内部控制信息使用者的反馈。在大数据时代,由于对数据的采集和萃取成本大大降低,企业能以较低的成本收集并整理出公司内部控制治理现状自上而下的各个层次的信息,使得企业能够搭建起一个包含内部环境、风险评估、控制活动、信息与沟通和内部监督全部内容,并且细化到点、责任到人的信息披露平台。最后:在大数据环境下,企业可以获取收敛于全部内部控制信息需求者的反馈信息。从这部分信息里面,企业可以充分了解这部分"客户"的需求,例如,"什么信息有待披露""什么信息需要更深地披露"等。通过对这一部分信息的分析,企业再据此对已披露的内部控制信息加以改善,既能满足"客户"的需求,又能高效地传递出公司内部控制信号,从而降低了内外部内部控制信息的不对称性。

2. 多样化

由于目前我国上市公司内部控制信息的披露载体主要是公司年报和内部控制自我评价报告,其披露的格式也仅仅局限于文字表述。这样的披露方式对于能够以财务数据量化的经营信息来讲是比较适用的,但是对于不能完全用数字量化的内部控制信息来讲,就造成了极大的局限。因此,在大数据背景下,企业可以开拓各种内部控制信息披露方式,如在披露

平台展示有关公司内部控制实施的图片、音视频等。具体到实施细节方面,可以细化到公司内部控制会议视频、办公职场的高清视频监控录像、公司车辆 GPS 定位信息等立体化信息。通过对内部控制信息披露方式的拓展,内部控制信息的使用者能够身临其境般地看到公司内部控制实施的各个方面,提供了内部控制信息的真实性和可信赖性。

3. 快速化

互联网、智能设备和移动互联的发展让信息的实时流通成为可能。时间就是金钱,信息就是财富。对于投资者、债权人等企业利益相关者,公司内部控制的任何变动都非常重要,甚至一个微小的信息就可能掀起融资环境的轩然大波。显然,我国上市公司通过每年一次的年报和内部控制自我评价报告难以满足"客户"及时性的需求。因此,企业可以组织专门的操作人员,在公司内部控制实施过程中,不定期地在独立于年报和内部控制自我评价报告之外的信息平台上,对企业当前的内部控制情况进行陈述。尤其是发生重大事项变动时,应保持内部控制信息的实时更新,确保"客户"能够在第一时间掌握到与其利益相关的信息。

4. 价值化

大数据发展的价值就在于实施者能够趋向于精确地得到其研究对象的反馈信息,以满足这些研究对象的需求,从而通过满足他们的需求来获取自身效用的最大化。对于实施大数据策略进行内部控制信息披露的上市公司而言同样如此,他们的研究对象是内部控制信息的使用者,他们想要得到的反馈信息是内部控制信息使用者对上市公司内部控制信息的需求倾向。通过满足内部控制信息使用者的这些个性化的需求,内部控制信息使用者能够据此比较准确地研判公司的投资风险,而上市公司获得了与投资者、债权人等利益相关者之间信息沟通成本的降低,从而能有效减少资本市场中的逆向选择现象。

二、基于个性化需求的内部控制信息披露

当前我国上市公司内部控制信息披露的内容和形式尽管存在着种种不足之处,但是其对于内部控制信息需求者的使用价值也是值得肯定的,因此不能把它全部否定,而应该在此基础上加以修正和补充。例如,可以保留当前《企业内部控制评价指引》和《企业内部控制具体规范——信息披露》等规定的必须披露的结构化、公用的信息,按照内部控制信息需求者类别分别划分出"投资者""潜在投资者""债权人""监管机构"和"其他信息使用者"五个模块,然后由经营大数据整合分析业务的第三方做大数据分析,细化出个性化的内部控制信息需求内容和披露标准,最后由上市公司依据"公用信息+个性化信息"为框架系统地披露出实用、有效的内部控制信息。具体实施过程如下:

1. 形成通用信息

我国沪深两所先后发布《企业内部控制评价指引》,要求上市公司由董事会负责在年报中披露内部控制建设和实施情况,并披露会计师事务所的核定意见。除此之外,还应按照《企业内部控制评价指引》的披露要求,进一步重视"全面性""可靠性"和"重要性"三个基本原则。依据《企业内部控制评价指引》关于上市公司内部控制信息披露内容的相关要求,内部控制信息要包含"内部环境""风险评估""控制活动""信息与沟通"以及"内部监督"五要素的内容,其次企业还应结合《企业内部控制基本规范》及其《企业内部控制应用指引》和本企业自身建立的内部控制制度,在基本层面评价本企业内部控制的设计、运行及取得的成果或

显露出的缺陷。

2. 划分模块化信息池

依据亚当·斯密提出的劳动分工理论,细致的分工能够提高工作的效率。在以上基本的通用信息披露的基础之上,为了更加迅速、高效地捕获内部控制信息使用者的需求偏好,进一步区分内部控制信息使用者,将是一个明智的选择。参考前人的研究成果,我们按照需求方的不同需求动机可以把内部控制信息使用者划分为"公司股东""潜在投资人""债权人""监管者"和"其他需求者"五个信息池。

3. 第三方整合

鉴于当前大数据分析要求的数据量巨大,每个环节对专业性和人才素质要求都很高,仅仅依靠某个公司的IT部门远远满足不了对大数据的处理条件。日渐崛起的第三方分析平台具有该信息管理的专门研究开发人员、专业的开发工具,因此,借助于IBM、Microsoft、SAP等经营大数据整合与分析业务的第三方平台,利用其海量数据处理系统,如IBM公司的Hadoop System、Hadoop和EcoSystem等,结合其云计算能力建立大数据仓库,整合内部控制信息需求者的各种结构化信息、半结构化信息和非结构化信息,提升数据的可视化程度,提取出需求者的个性化偏好。

4. 上市公司系统披露

上市公司董事会和内部审计部门配合第三方大数据分析机构做出详细、准确的个性化需求内容和相应标准,并依据第三方大数据分析平台的整合结果,结合本企业内部控制建设和运行的实际状况,按"公司股东""潜在投资人""债权人""监管者"和"其他需求者"分类整理出相应需求的个性化内部控制信息。这部分个性化内部控制信息以丰富多样的形式、实时地在公司网站等平台上进行披露。此外,在上市公司年报或内部控制自我评价报告等载体上对通用内部控制信息进行总括性披露。这样,非传统的模式和传统的模式形成一个相互补充的披露系统,为不同的需求者提供高质量的内部控制信息。

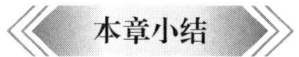

本章小结

本章通过对大数据的概念、产生的影响以及我国大数据的发展现状进行了客观的描述,借助大数据技术分析了基于大数据的风险识别模型以及基于大数据的风险预警机制的设计与构建,并提出了基于大数据的内部控制方式方法。

习题二

1. 大数据有哪些特征?
2. 大数据的数据分析方法有哪些?它们各有什么特点?
3. 简述云计算的含义和特点。
4. 基于大数据的内部控制策略有哪些?请举例说明。
5. 从大数据的大量化、多样化、快速化和价值化着手,谈谈如何进行内部控制信息披露的优化。

第三章 企业的风险管控要点

学习目标

(1) 熟悉企业风险管控的概念、企业内部审计的改变。
(2) 了解企业内部审计存在的问题及原因。
(3) 掌握企业内部审计的风险管理措施。
(4) 选择特定类型企业作为分析对象,探讨企业的风险管控要点。

第一节 企业风险管控的概念

企业风险管控,是旨在揭示企业在资金管理、资产质量、对外投资、融资担保、债务规模、业绩考核、关联交易以及内部管控等方面存在的问题或风险隐患,从而有效防范和化解风险,维护资本安全。审计人员运用 AI 和大数据技术,如使用"天眼查""国家企业信用信息公示系统"等,查询企业内控结构、对外投资关系、关联交易等,形成股权穿透图,迅速摸清企业的基本情况和投融资关系,揭示内部管理控制存在的问题和风险隐患。

一、企业内部管控的目标

企业内部管控的目标是"合理保证企业经营管理合法合规、资产安全、财务报告及相关信息真实完整,提高经营效率和效果,促进企业实现发展战略。"企业要做好内部控制应以管理为导向,也就是说企业内控的目的是通过管理发展实现基业长青,而合法合规是实现企业发展战略目标的必然步骤。

对于一个企业来说,内控绝非是财务部门和审计部门的事,有的企业为了内控而内控,就好比摸着石头过河一样,忘记了摸石头的目的是要过河,而不是摸石头。内控的本质不是为了最后的结果做内控,而是要在管理过程中进行内控,对于企业家来说,是要做到让全员实现自我内控。所谓全员内控,就是要让每个员工都有内控的意识,全员时刻自我清楚三件事:干什么,怎么干,干好或者干坏,对自己的现在和未来有什么影响。加之采用便于操作的信息化内控管理工具,更大程度地保证企业董事会、高管、中层、员工的一致性,让企业战略规划能够有效落地,从而使企业"四大风险"得以规避。

随着企业经营环境的日趋复杂,任何一个管理漏洞都可能给企业带来巨大的损失,甚至灾难性后果。精确管理模式要做的就是将组织中纷杂的个体行为进行普遍的抽象归纳,总结出组织人的共有问题及风险,通过精确管理的内控系统实现风险的有效规避,使得组织中员工自我管理方式与风险内控系统趋于一致。因此,构建一个管理规范、有效运作的风险管

控体系,对企业至关重要,但既然是全员内控,仅建立对企业有效的管控体系显然是不够的,企业中的每一个人都应该从这个内控体系中得到益处,这就是精确管理研究提出的智慧人、幸福场管理模型的实际应用。

对于还未将内控体系建设提上议程或者还未建立起相对完善、成熟的企业管理者,在积极探索的过程中,也不要只顾低头赶路,建议不时停下来检视一下,看看自己有没有偏离内控的管理导向,是否脱离全员内控的本质,这样将逐步建立起有效风险内控体系。

二、企业风险管控的解决对策

风险是客观存在的,任何企业都面临内部或外部风险,它会影响企业目标的实现,因此企业管理者必须进行风险管理,那么该如何做好企业风险管理呢?

(1) 企业管理者应建立较为完善的监督检查机制,进行动态管理。企业的各级领导、业务部门要经常到项目中进行检查与指导,并加强与业主的沟通,听取业主的意见,及时把各种新的法律法规、内外形势变化、企业和业主的要求等传达到项目监理人员当中,并在检查中及时发现项目监理机构的不足,企业管理者应针对项目存在的风险隐患,及时加以处理,使其消失于萌芽状态,避免风险事故的发生。

(2) 提高风险管理意识,在企业经营活动中,企业管理者应根据自身的能力去承接项目,对所承接的项目要进行预评估制度,对经评估确认风险较大的项目要尽量避开和放弃。有多少人接多少项目,这样才能有效避免由于人员不到位、人员与投标不符、资质降低等容易受到处罚的风险。此外,不盲目扩大规模,使各个项目均能处于企业管理者的有效管理范围之内,有效避免因企业管理不到位带来的风险。

(3) 企业应该尽量采用规范化的管理模式,制定规范化的规章制度、岗位责任制,企业管理者对每个具体的项目,还应根据其自身特点,对涉及监理风险的工作内容,制定较为细致的、有针对性的监理实施细则和风险管理计划,从而使企业的所有项目均能按统一规定的工作程序、要求、标准去做好监理工作,正确履行监理的各种责任,从而达到降低风险的目的。

(4) 组建突发事件公关队伍,全面应对突发事件。企业管理者为了加强对突发事件的管理与应对,在企业内部建立一支训练有素、精干高效的突发事件公关队伍是完全必要的。其成员应包括企业最高决策层、公关部门、生产部门市场销售部门、技术研发部门、保安部门、人力资源部门等相关部门的人员以及法律顾问、公关专家等专业人士。在正常情况下,突发事件公关小组负责对企业内外环境进行实时监测,在广泛收集信息的基础上分析发现存在的问题和隐患,对可能出现的突发事件情况做出准确预测,帮助企业管理者根据预测结果制定切实可行的突发事件防范措施,监督指导防范措施的落实,加强对突发事件预警机制的管理,开展对公关人员和全体员工的培训,组织突发事件状况模拟演习等。当突发事件发生时,突发事件公关小组要起到指挥中心的作用,包括建立突发事件控制中心、制定紧急应对方案,策动方案实施,与媒体进行联系沟通,控制险情扩散、恶化,减弱突发事件的不良影响,化解公众疑虑和敌对情绪,以便尽快结束突发事件。

对于现代企业来说,风险管理就是通过风险的识别、预测和衡量、选择有效的手段,以尽可能降低成本,有计划地处理风险,以获得企业安全生产的经济保障。这就要求企业在生产经营过程中,应对可能发生的风险进行识别,预测各种风险发生后对资源及生产经营造成的消极影响,使生产能够持续进行。

第二节 企业内部审计的改变

一、技术革新对传统审计的挑战与机遇

2013年以来,以阿里余额宝、P2P(众筹)、微信支付等互联网金融,依托第三方支付、云计算、大数据处理、移动互联网、社交平台等互联网载体,实现资金支付、交易、中介、借贷等业务为一体的金融体系。互联网金融的发展就是一把双刃剑,在给传统的审计方法、审计手段和审计环境,带来巨大的挑战同时,也为传统的审计指明了发展方向,带来了机遇,促进了互联网金融环境下审计发展的成熟。

1. 互联网金融对传统审计的挑战

互联网金融对传统审计的挑战主要体现在审计风险、审计报告时效性、审计业务和审计人员等方面。

(1) 审计风险复杂化。在互联网金融环境下,改变了传统的会计岗位模式,虚拟的市场环境和信息化的系统使企业对审计安全不能够完全的掌控,审计的可靠性和安全性降低,提高了审计风险的控制复杂性。

(2) 传统绩效评估方式受到影响。传统审计中的绩效评估,侧重在收入、费用及利润上。而在互联网金融环境下,企业经营模式有极大的改变,领先的企业难以进入低端市场。因此传统的绩效评估模式受到很大的冲击,审计人员不能再用过去的思维看待互联网金融。

(3) 传统审计业务受到冲击。除了IPO业务中,传统的报表审计的作用已经降低,审计信息化和网络化的高速发展,使审计业务范围更加的广泛。

(4) 审计人员要求提高。传统的设计都是通过人为手动的操作,依靠丰富的会计经验和知识,但是在互联网金融环境下,审计人员不仅要具备专业的审计知识,同时需要熟练地掌握会计信息系统。但是,目前复合型的审计专业人才缺乏,互联网思维和传统审计思维存在一定的矛盾。

2. 互联网金融对传统审计的机遇

互联网金融是现代社会的一项新型的商务活动手段,其主要内容是以电子及电子技术为手段,以商务为核心,使生产企业达到全球化、网络化、无形化、个体化和一体化,在这种背景下,为传统审计带来了巨大的机遇。

(1) 审计业务的服务范围也更加的广泛,服务于物资生产领域和非物资生产领域,并且在互联网的支持下,审计业务区域化程度无限提高,审计业务范围不断地拓展。

(2) 审计费用降低。在互联网金融环境下,依靠计算机和互联网能够自动地收集到审计信息。节约了审计资料收集费,同时减轻了审计人员对审计信息的搜寻成本与等待成本,节约了审计人力资源以及审计各个方面的资源消耗。

(3) 审计测量工具多样化、现代化。在互联网金融环境下,主要依靠的就是现代化的信息设备和信息技术,只有掌握了先进的技术手段和电子工具,才能够满足市场的需求,提高企业在市场中的竞争力。如电子货币、电子公共系统等,提高了交易效率。审计测量工具多样化和现代化改变了传统的审计形式,使企业能随时地对财务状况进行审计,充分的发挥审计作用。

(4) 提高了审计报告的准确性和及时性。在互联网金融环境下,审计网络化程度提高,使审计时间和审计结论生成时间缩短。通过系统的自动化,实现对审计报告的实时跟踪和掌握,同时,改变了传统的以手工操作为主的审计方法,运用高智能、高自动化的手段,提高了审计效率的同时,使审计过程更加的简单、迅速,审计准确性程度提高。

(5) 审计市场趋向国际化。随着互联网金融的不断发展,审计市场在市场经济体制下,审计范围和区域化程度不断提升,审计市场趋向于国际化的发展。在满足互联网金融发展的过程中,为审计发展提供了一个更加广阔的平台。

二、互联网金融行业内控特点

1. 安全性高

相对于传统金融行业来说,互联网金融行业对数据安全以及顾客隐私保护方面的要求更高。互联网金融行业涉及体量巨大,个人基本信息数据以及资金安全问题是互联网的核心问题,所以当下互联网金融的安全问题不仅仅是一个技术问题,更是直接关系到行业生存和发展,甚至是影响国家稳定的核心问题,也是广大使用者最关注的问题。而且互联网金融行业在提供金融服务时,由于没有现场审核的机会,只能通过网上获取个人的基础信息及信用信息,而这些核心信息通过互联网的形式进行传输和收集,风险的暴露概率相对于传统金融行业高很多。

2. 现场监管难度增大

互联网金融企业的服务对象具有难界定的特征,而且交易流程几乎只有平台和买卖双方知晓,交易流程也由平台去监管和控制,透明程度较低。另外,现有的传统审计方法和监管制度主要都是针对传统行业,对新型的互联网金融的适用性较差,这也造成了互联网金融行业现场监督难度增大,内部审计的有效性较弱的现状。

3. 审计线索发生改变

互联网和金融行业的结合使得内部审计的线索发生极大的改变,这些业务都从传统的柜台转移到线上,网络的虚拟性给交易留下的往往只有一段信息或者记录,其本身并不能作为审计线索,还要经过特定的加工处理才可以作为证据。所以互联网金融企业内部审计的线索就要分为两大块,一块是记账凭证、报表以及会计账簿等有形证据,另一块是存储在硬盘和网络里的经营活动资料以及相关数据。

三、企业内控改变与行业模式关系

随着腾讯、阿里等互联网大鳄积极进军硝烟弥漫的互联网金融市场,该行业成为近两三年来社会各界高度关注的热点。由于互联网金融监管体系不完善导致机构良莠不齐、行业发展无序、市场混乱的现状,有关互联网金融的各种负面报道层出不穷:"非诚勿贷"为维持流动性,不断以高收益率吸引新投资者,内幕曝光引发挤兑;众贷网由于管理团队经验缺失造成运营风险导致试运行不到1个月快速破产等,无不彰显互联网金融企业管理落后的种种劣迹。因此,互联网金融企业亟须提高管理水平及驾驭风险的能力、建立并完善内部控制体系,才能在生存环境恶劣、竞争激烈的互联网金融版图上稳占一席之地。

互联网金融行业是互联网行业和金融行业的融合产业,通过互联网的工具实现金融资金产品的买卖,从而达成金融产品的买卖关系。目前,业内第三方支付、P2P、众筹等运营平台在发展过程中,迫切需要开发和拓展新的业务形式和业务领域,从而形成自己的核心竞争力,在这样的背景下,很多金融机构摆脱传统的柜台服务模式,从实体转移到虚拟,借助互联网的平台,以更好、更快、更低成本的服务吸引顾客,从而促进自身更好、更快地发展。目前我国互联网金融企业的主要产品包括4个类型。

(一) 互联网金融的常见业态模式

1. P2P 网络贷款

P2P 网络贷款也就是常说的"人人贷",是指资金拥有者以及投资者通过第三方机构将贷款的金额、利率以及时间期限等发布到相应的互联网平台上,以信用贷款的方式给企业或者个人提供资金支持,这种贷款模式主要是一些小额贷款,平台不直接参与资金运作和管理,仅是收取相应的手续费。比如阿里金融,会员可以无抵押、无担保的获取贷款额度,最高额度为50万元,目前阿里集团的贷款已经实现了单日利息100万的盈利,贷款总额超多320亿元。据国家证券投资基金业协会统计数据显示,2016年,我国网络信贷总额达到1.2万亿元,用户总数1.6亿人,单用户信贷7 100元,而且行业权威艾瑞预计未来5年将保持每年30%左右的增速。

2. 第三方支付

通俗地说,第三方支付是一个中转站,它一端联系着消费者或者线上客户,另外一方是各个金融机构,而第三方支付就是在金融机构和客户之间建立一个资金担保的桥梁,从而实现交易和现金的双重安全,可以说第三方支付是电子商务发展的重要基础。根据国家证券投资基金业协会统计数据显示,2016年我国互联网支付规模达到4.9亿人,移动支付人数达到4.4亿人,增长率分别为17.6%和22.5%,且表现出良好的发展势头,尤其是移动支付产业,发展尤为迅速。

3. 众筹融资

2014年是公认的"众筹元年",经过两年多的发展,也逐渐改变了人们的投资方式及理念,众筹融资就是指借用互联网平台进行资金募集的一种手段,通常众筹融资发起人有专业的方向和技巧,但是缺乏实现和发展的资金,而对众筹发起人或者其所发起的项目感兴趣的支持者就可以通过特定的平台给予众筹发起人一定的资金支持,从而获取自己的投资收益或者其他需求,积少成多,从而实现多方共赢。

4. 互联网基金销售

互联网基金销售是指通过互联网实现投资基金的买卖,通过互联网的形式可以让平台直接获取投资者的基本信息和需求信息,从而对投资者的投资偏好进行研究分析,对顾客的金融需求进行追踪,从而提供满足顾客需求的个性化服务。例如,当下最流行的天弘基金,他就是通过支付宝平台,主要用于购买行为的支付,但在这种功能之外,它还有一定的储蓄功能,而且利率还相对比较高,只不过这种货币证券采用的是"T+0"模式,就是可以即时的买入和卖出,具有极强的灵活性。以天弘基金为例,2016年末基金份额总额为8 082.94亿份,持有人总户数则为3.25亿,其中个人投资者占比99.72%,户均持有的基金份额不过约2 490份。至2017年6月底,余额宝规模增长至1.43万亿,成为全球规模最大的货币基金,具有非常重要的市场影响。

5. 金融信息数据服务

进入大数据时代,每个人都在成为金融信息的制造者、反映者和消费者。"金融信息服务"作为整个金融体系的传递神经,正在经历哪些变化?现在的投资者到底对什么样的金融信息服务"买账"?在世界互联网大会的"互联网+"论坛"互联网金融创新与发展"议题上,第一财经传媒有限公司(以下简称一财)CEO周健工、彭博全球执行副总裁凯文·希基(Kevin Sheekey)、汤森路透集团全球首席客服官马克·施拉格特(Mark Schlageter)、万得资讯董事长陆风、上海大智慧董事长张长虹展开了一场讨论。

1) 方式多样化

在分秒必争的投资时代,如何给投资者提供更好的金融信息服务?五家拥有不同产品和业态的公司各有招数。汤森路透的做法是"开放平台"。Mark Schlageter 表示,汤森路透目前主要提供全面的金融信息服务。"特别是对投资者来说,汤森路透要有一个开放式的平台,这一开放平台能够使其他合作伙伴提供应用的软件,搭建自己的平台。"Mark Schlageter 说,现在已经看到越来越多的软件供应商能够运用汤森路透的信息来让更多的用户参与进来,这其实也是一种"普惠金融"。Kevin Sheekey 则认为,金融信息服务关乎"数据的质量"。彭博的做法则是把各国的央行还有金融机构联系起来,并不为单独的用户提供服务。和彭博、汤森路透两家类似,第一财经传媒既有媒体的性质,也有金融信息服务的性质。在周健工眼里,金融和商业的媒体对于一个有效和透明的金融市场和资本市场非常重要,"我们可以看到全世界所有的金融中心都有一份在全球有影响力的金融媒体,第一财经非常想扮演这样一个角色。"周健工提到,最近阿里巴巴投资了一财,让一财对财经媒体有了新认识。"首先我们觉得财经媒体一定要在数据服务和信息服务方面建立起这样一个业务。"周健工说,因为阿里巴巴进来之后有一点非常重要,就是能够补上财经媒体所缺乏的技术。"许多媒体在谈到技术的时候,其实他们有一种恐惧。我觉得在这一点,我们现在建立起这样一种自信了。"周健工说。他同时透露,第一财经最近建立了一个媒体实验室,希望用人工智能的技术和大数据的技术彻底改造一下编辑部,使得第一财经能够处理大量及时的财经信息,帮助用户及时做出决策。此外,第一财经最近推出了第一财经商业数据中心,刚刚公布了 50 份覆盖中国主流消费市场的大数据商业报告。这也是大淘宝平台首次发布全局性和系统性的消费级大数据内容。而在上海大智慧股份有限公司董事长张长虹看来,移动互联网对于用户信息服务已经发生了非常大的变化。它的普及性已经变成所有人生活的一部分,大智慧的用户本质不是为了看信息而看信息,"怎么能够在这个过程当中,比如能够实现交易,能够实现跨平台的服务,能够实现风险管理,也能够给市场提供包括价值的再输出,这是很重要的一块。"而在万得资讯董事长陆风看来,金融信息服务正在发生两大变化。一是人们对于金融信息整个的需求已经开始发生比较大的转变。"原来可能是一种传统的熟悉的信息,要的是金融和经济领域里面的数据,可是今天随着互联网和大数据的发展,专业投资机构的需求走向了全社会。"陆风说。而另一个变化则是,原来的数据可能只是一个结构化的或者是收集很齐全,但是现在更重要的是有了这些数据以后,还需要通过智能分析数据和建模,为投资者提供更有价值的,或者说更准确、及时和更个性化的数据。

2) 挑战和机遇

现在的金融信息服务行业正值黄金发展期,而中国的金融信息服务如何"走出去"影响世界同样重要。业内人士判断,中国很可能在未来一段时间内,成为全球最大的经济体,而且从近年的趋势看,中国对外的投资,包括个人资产进行跨国资产配置,都在成为明显的趋势,这个时候他们对信息的需求量同样巨大。"在全球市场上,中国是一个重要的参与者。除了有汤森路透、彭博,还有其他知名的财经媒体,中国也需要一份中国的财经媒体能够走向全球,帮助中国的企业、帮助中国的金融机构、帮助中国的个人在全球进行有效的资产配置。"周健工表示,第一财经愿意跟其他的全球财经媒体一起来服务中国的全球投资者,而全球的这种财经信息的服务不仅是英文的天下,相信将来也是中文的天下。12月16日上午哈萨克斯坦总理用中文做了一篇非常精彩的演讲。随着中国经济在全球的影响力扩大,以及给全球的创业者和投资者带来的机会,相信全世界有越来越多的人愿意用中文来获得更多的财经信息。张长虹也表示,大智慧目前在海外的五个公司,一个人都没有派,但是每年收益成长30%。这背后源自充分的信任,而这样一个模式有可能会得到更强的一个复制。"一个是大型的国家级媒体要走出去,另外就是服务型、技术型的企业也要走出去,这样桥梁才能更接地气,又能够高大上。"而在国际化的大机遇背后,面对海量的大数据,如何能够准确反映金融和资本市场的现实,及时帮助用户做出判断,金融信息服务仍面临挑战。在周健工看来,进入大数据时代,面对这样一个人人都成为信息的制造者、反映者和消费者的时代,对于信息的处理能力可能远远超出非常结构化的金融数据的处理能力。"比如需要一个消费者不仅进行交易,还对一个产品进行反映,对于这种差评、好评,如何通过社交渠道传递给别人?比如说一个商家,还有行业、地域,尤其是在移动的时代,所以数据非结构化的情况非常明显。"周健工认为,作为一家财经媒体,在面对这样丰富的数据时,"怎么去起到在过去财经媒体所起到的作用,能够准确反映金融和资本市场的现实,怎么非常及时地做出判断、及时帮助你的用户做出决策,这点是非常大的挑战。"他提到,目前第一财经提出了"资讯+视频+数据"的未来信息服务的方向。"我们用最好的技术对它们进行搜集、储存和加工,然后根据客户的需要去提供他们最好的体验,我觉得这是个非常开放的过程,我相信技术能够帮助第一财经成为一个在大数据时代的媒体。"而张长虹也提到,目前大智慧每天使用用户大概有1000多万,"我们这样一个用户群提供什么服务,个性化在哪里,后台数据处理的能力能不能给用户提供最快速、最及时的个性化的服务?所谓云处理和前端、终端的个性化,对我们来说是一个挑战。"而陆风则认为,整个中国的金融信息服务行业已经走向了连接和智能的时代,金融信息服务就是要把整个互联网上的所有连接的数据为金融行业服务所用,"有了这样的一个连接以后,通过我们的技术,通过我们的语义,通过我们的深度机器学习做出一些智能化的客户所需求的东西,这是我们在产品上面怎么样去创新、更好地服务客户的一些想法。"此外,陆风还提到,中国的金融信息服务行业处于一个刚刚开始的阶段,"希望我们的政府对于它的扶持力度要增加一些。此外,这个行业非常稚嫩,知识产权保护也非常重要。"

6. 个人理财与资产管理

理财是指根据个人财务生活以及对风险的承受力、偏好性,结合预期目标运用多种投资工具组合,在能够承受风险的范围内达到资本最大化的一种过程。随着互联网与金融行业的融合,多种互联网接入产品迅速兴起,能够对传统金融行业产生巨大冲击。在当前信息化背景下,如何有效分配个人财产和家庭财产,利用互联网优势成为当前投资者重要的金融选择。

1) 传统个人理财

传统的个人理财主要以储蓄和商业银行个人理财业务为主。商业银行个人理财业务主要是商业银行发挥自身的专业优势,为个人客户提供财务分析、财务规划和资产管理等专业化理财服务。首先,传统的个人理财选择面较为狭窄,并且客户的理财选择较为被动,而主动权则掌握在银行等金融机构手中。其次,传统理财方式对投资者的投资门槛比较高,需要投资数额较大。商业银行的理财产品一般而言都有最低购买额度。这种情况下,持有较少资金或者流动性不强的个人或者家庭的投资可行性大大降低。最后,传统的理财产品需要个人和银行进行联系、咨询,具有信息的交流不便捷等缺点。

2)互联网金融背景下的个人理财

从20世纪90年代,随着我国互联网快速发展,也延伸了很多新技术,包括大数据,云计算,在互联网平台上能够将互联网与金融机构进行信息和互联网技术的融合。传统金融与互联网实现了投资、通融、支付等一些新型的金融业务,从目前互联网接入金融情况来看,典型金融产品包括:数字货币、互联网基金、第三方支付等多种形式,相比过去金融业务的特点上具有较强的信息处理能力,能够降低交易成本。此外,利用互联网技术能够实现快速转账,资金配置更为便捷,使用户可以直接利用互联网完成信息配对,具有较大的客户信息挖掘潜力。

3)合理选择理财产品

关于个人理财产品的选择,有很多不同的方法。结合传统的理财业务,总结了个人理财资产组合可选择的金融产品,包括流动性应急资金、消费金融产品、股票、基金、保险等。

(1)流动性应急资金。持有流动资产是很必要的,在个人和家庭生活中,会产生各种不可预期的生活状况,需要应急资金。在通常情况下,把6个月内的生活开支作为应急资金,以预防不可预期的风险是比较合适的。由于现金不产生利息收入,可选择高流动性、可随时支取的货币市场基金产品。在考虑货币市场基金产品时,需要注意该机构的费率、收益率以及有没有保险公司进行担保等。在互联网金融时代,货币市场基金产品已经比较完备,如"余额宝"产品属于天弘基金的货币基金份额,并且由国泰等5家保险公司联合承保,资金上也相对比较安全。在互联网金融时代,用户在个人的智能手机终端就可以购买,存取也很方便。

(2)消费金融产品。信用卡和互联网消费信用是用户在进行消费的时候,获得信用资金使用权的方法。用户在购物的时候,可以根据自己的信用评分取得相应的在一定期限内免利息的消费额度。在互联网时代,比较著名的产品为:信用卡、支付宝花呗、京东白条等。尽管在使用这些消费金融产品时,可以根据免息期限灵活运用,增强自身的流动性,并将资金投入到可以产生收益的理财产品中,但需要注意的是,如果超出还款免息期限,如信用卡还款日,或者,对于"花呗"而言,超过了每月9日的免息期,用户会面临较高的利率。该利率可能远远高于其他理财产品的收益率,从而拉低个人投资组合的综合收益,所以投资者应谨慎对待消费金融产品。

(3)股票。股票虽然被视为高风险型理财产品,但是,如果投资期限足够长,也会提供较高的收益。根据美国股市的走势,从1994年年底到1999年,1美元能够增值到2.85美元。由于投资股票的风险较高,个人应在进行足够的投资培训后再涉足股票投资领域。在互联网时代,由于互联网公司业务规模广,涉及消费、金融、娱乐等各个行业,增长迅速,在投资股票时可以考虑较大的国际互联网公司,如谷歌、网易、阿里巴巴、亚马逊等公司。

(4) 基金。基金,尤其是基金定投符合了投资领域的经典名言"不要把鸡蛋放在同一个篮子里"所倡导的"分散化投资"策略。投资基金可以使得投资组合的整体风险水平下降。对于如何选择基金,可以视投资的目标而具体分析。如,为使应急资金产生收益而投资基金,可以将应急资金投入货币市场基金,因为该基金的安全性比较高。若为了高收益,可以投资股票指数基金。在互联网时代,购买基金产品变得十分便捷。几乎所有的基金产品都已经登记上网,并且可以通过网络查询、比较和购买。

(5) 保险。个人理财除了获得投资收益之外,还要规避不必要的风险。虽然投资股票或者基金数年后可能会获得较为丰厚的回报,但是人的一生可能会面对很多意外风险,家庭的一次重症疾病就有可能将所有投资获得的收益甚至本金都消耗完毕。意外的人身或者财务风险甚至会极大地恶化个人和家庭的财务状况,引起巨额负债。所以,除了投资上述的理财工具外,应投资相应的保险来分担风险。对于个人和家庭理财而言,购买人身保险是最合适也是最必要的风险分担。对于家庭而言,子女教育适合较早进行规划。教育金保险同时具备增值和保障功能,相比教育储蓄和教育基金虽有收益但具有较高风险的特点,教育金保险更适合家庭选择,解决家庭经济负担和教育问题。此外,保险理财产品中的投连险、万能险、分红险等产品,在具有保险功能的同时,又具备投资功能。互联网金融时代,保险可以方便地在保险公司的互联网平台上进行比较。

(二) 互联网金融企业内控失效的原因

1. 法制及监管体系不完善

互联网金融是一个新兴的行业,我国金融行业的法律法规、操作指引等都是基于传统金融体系构建的,该体系对于互联网金融行业而言,监管及引导均存在覆盖不到的情况,法规的不健全不仅导致行业非理性疯长,而且部分互联网金融企业钻法律空子、游走于法律盲区和监管漏洞之中,甚至出现非法吸收公众存款、非法集资等违法犯罪行为。

2. 急功近利,风险意识薄弱,效益凌驾于安全之上

互联网金融的本质是金融,金融是高风险的行业,尤其当达到一定规模,如果发生支付困难继而发展成财务危机的时候,所引起连锁反应不论是互联网金融企业自身,还是市场,影响都是灾难性的。目前互联网金融企业普遍是从IT、互联网或其他非金融机构发展起来的,由于没有金融从业经验,必要的信用机制尚未完全建立在可靠的基础之上,为追逐赢利和效益而忽略资金的流动性和安全性,导致潜在较高的信用风险、流动性风险和产品风险。

3. 行业人才的制约

人才是企业发展的核心竞争力,互联网金融企业的稳健发展同样离不开人才。正因互联网金融本质是金融,故此金融风险的许多特征同样适用于互联网金融。然而,互联网金融的从业人员在金融业务上的经验,以及风险防控手段和技术方面,都与传统金融机构有较大的差距,这在一定程度上不仅制约了互联网金融的健康成长,而且还会带来不可估量的风险。

4. 没有建立完善的内部控制制度及风险防范体系

内部工作人员利用职务之便泄露客户资料、挪用巨额资金未能触发报警机制等互联网金融行业的负面新闻,不难看出缺乏有效的内部控制制度、以及风险防范体系是这个行业普遍存在的问题。互联网金融行业同时面临互联网、金融两个行业的多种风险,风险一旦爆发,抗风险能力弱的互联网金融企业将难以应付,打击甚至是致命的。因此,风险管

理是互联网金融企业持续健康发展的根本,而内部控制则是提升企业风险管理能力的有效措施。

(三) 完善互联网金融企业内部控制的建议

1. 树立遵纪守法、合规经营的理念和风险防范意识

加强对全体员工的法制和职业道德教育,包括制度规范、金融相关法律法规、职业操守、操作守则等各个方面,从思想上最大限度地减少投机心理和欺诈行为,把审慎、稳健的经营理念由上至下落实到每一个员工的实际行动当中。当面临资金的流动性与高利润或公司高速的发展战略之间有冲突时,以安全为首选;更不能抱侥幸心理触及非法吸收公共存款和非法集资两条法律红线。

2. 互联网金融行业的人才整合和培养

互联网金融是互联网和金融的有机结合,这就需要金融人才和互联网人才的完美对接、融合,共同致力于互联网金融业务的发展壮大,同时,还需通力合作,共同培养大批适应互联网金融时代要求的人才,这才是互联网金融企业发展的当务之急。

(四) 建立并完善基于内部控制的风险防范措施

1. 设立风险控制管理部门

该部门负责制定并实施识别、计量、监测和控制风险的制度、程序和方法,并全面梳理业务流程,查找业务管理薄弱环节,针对每项业务建立控制或降低风险的操作指南、业务流程图及各项风险目录,识别和确定流程中的风险控制点,从人员、程序、系统和技术风险等多角度对每个部门中出现的各类风险进行分类和定义,包括各部门所提供的产品和服务以及为管理风险所采取的行动进行分析,同时,对各类风险进行持续的监控,确保风险管理和经营目标的实现。

2. 加强风险控制管理部门、信息技术部门、业务部门、财务部门、审计部门等多个部门间的协作

明确划分相关部门之间、岗位之间的职责,建立职责分离、横向与纵向相互监督制约的机制,涉及重要事项的审批不得由一人独自裁决。岗位设置应分工合理、职责明确,岗位之间应当相互配合、相互制约,做到自营业务与代客业务分离、审贷分离、业务经办与会计账务处理分离、业务操作与风险监控分离。关键岗位应当实行定期或不定期的人员轮换和强制休假制度等。

3. 建立并制定有效的风险应急预案,并定期进行测试

当出现如内部员工集体舞弊、系统遭受恶意攻击等重大风险事故时,能够及时启动预案,并根据突发事件的类别,采取相应的应急措施,以预防或减少可能造成的损失,提升突发事件的危机处理能力。危机之后,尽快恢复正常运营秩序,并做好评估总结与责任认定工作。此外,还需建立有效的内部控制报告和纠正机制,一旦发现内部控制存在问题,应当有畅通的报告渠道及有效的纠正措施。互联网金融模式复杂多变,外延广泛,突发事件往往无经验可循并且难以预测,因此,应注意总结教训,不断调整预案的有效性与适应性。除上述建议外,还应遵循《企业内部控制基本规范》的各项要求,以风险管理为主导,从公司治理层面、作业流程层面、监督层面进行风险防范,建立适于互联网金融企业风险管理战略的新的内部控制体系,为企业在曲折中稳步前进保驾护航。

第三节 企业内部审计存在的问题及原因

一、互联网金融环境下审计发展应注意的问题

在互联网金融环境下的审计在审计轨迹、审计范围、审计内容、审计风险都发生了重大的变化,在为审计发展提供机遇和挑战的同时,也存在着一些需要注意的问题。具体而言,可以分为以下的几类:

1. 需要建立健全的互联网金融审计法规

互联网金融交易本身就是在一个虚拟的平台上进行,存在着各式各样的群体和交易类型,市场复杂。如果不建立健全互联网金融审计法规,对于审计环境没有约束力和管制法规,将会直接影响审计的安全性,增加审计风险。所以必须建立健全的互联网金融法规,为互联网金融市场交易创造一个安全的环境,从而更提高审计的安全性。

2. 要加强对审计人才的培养培训

互联网金融是信息化的产物,以往的审计人才已经不能满足审计的需求。需要培养掌握互联网金融和审计理论的复合型人才,这样才能满足互联网金融环境下对审计人才的需求。

3. 加强数据安全方面的防范措施

为有效地控制审计风险,需要从硬件系统控制、软件系统控制、数据资源的控制以及病毒的控制几个方面着手,保障资料档案的完整性、系统的正常性、数据的完整性和安全性以及对整个系统进行有效地杀毒、护理和防范,保障数据的安全,控制审计风险。

在互联网金融市场不断成熟的环境下,改变了传统的审计环境、审计轨迹、审计安全性、审计内容以及审计技术。在互联网金融环境上。审计的发展应该结合市场的需求,把握好互联网金融环境下的机遇和挑战,加强对审计风险安全性的防范和控制,为审计的发展创造一个安全的环境。

以阿里巴巴为例,2009年和2010年阿里都发生了重大的供应商诈骗事件,两年分别有1 300余家供应商涉嫌全球诈骗,事件曝光后,阿里巴巴股票立即大跌8.63%,造成股市以及金融市场的巨大震荡,京东、一号店等大型电子商务企业纷纷受到冲击,股价都出现不同程度的下跌,也在市场内造成极坏的影响,给消费者的信任造成极大的损害。究其原因也和阿里巴巴的内部审计过程严重失控有很大的关系。目前从行业的内部审计现状来看,大多数企业的内部审计人员都是企业内部的财务人员,结构缺乏合理性,内审的工作积极性也比较差,人员素质参差不齐,对内部控制的改善及实施毫不关心,这也就导致了企业的会计监督机制越来越脆弱,风险管理严重缺位,从而给企业的发展埋下了祸根,甚至影响到企业的生存。

二、互联网金融环境下审计问题出现的原因

1. 内部审计难度大

互联网金融企业有三个特点:①这一类企业没有特定的、有形的产品;②其所有的业务

和服务都是通过互联网来实现和完成的;③它们没有固定的营业网点。互联网最大的创新和区别就在于它的虚拟性质,产品是虚拟的,交易形式也是通过虚拟的交易平台,再加上空间上的距离,这些原因就加剧了信息不对称的问题。另外,互联网平台是 24 小时营业的,而且平台的数据信息冗杂再加上业务种类繁杂,这也使得内部审计工作难以开展,给互联网内部审计工作带来了巨大的挑战。

2. 内部审计的风险意识不足

在互联网金融行业的快速发展和繁荣背景下,很多业内人士甚至企业的高层管理人员都放松了警惕,思想逐渐麻痹,风险意识明显缺乏,对市场以及行业的发展趋势缺乏足够的认识和危机感。一些小的互联网金融企业由于自身管理能力以及资金的限制,缺乏内部审计风险控制机制,而且内部员工对风险的认知能力较弱,缺乏必要的网络安全意识,尤其是对行业背景下的渠道多样化、交易的市场化以及风险的扩大化等问题认识不到位,这也就导致很多互联网企业缺乏对风险的识别、评估和控制,从而引发一系列的互联网安全事件。

3. 内部审计人员素质参差不齐

鉴于互联网金融行业业务的复杂性以及综合性,其内部审计人员的专业素质要求必然更高,但是目前互联网金融企业的内部审计人员主要是企业的会计,他们所采用的审计方法大多还是对传统财务报表的分析,而互联网金融行业的业务大多是在网上进行,涉及的相关凭证和单据大多是电子版,很多业务的操作证据只是网络上的记录信息,需要经过深层次的专业处理才能作为审计凭证,这就对审计人员的信息处理能力提出了较高的要求。而实际情况是,很多互联网金融企业因为人力资源成本的限制,对外部人才的引入较少,内部现有人员往往是身兼数职,又缺乏必要的针对性的培训,这也造成了很多内部审计人员信息技术处理能力以及专业素质普遍较差的现状。

第四节 企业内部审计的风险管理措施

风险管理就是对企业经营过程中的风险进行识别和评估,从而采取相对应的措施以减少风险或者降低损失。互联网金融行业具有虚拟化、交易对象复杂化以及流程难以确定的特点,这也是行业具有高风险特征的原因,所以针对互联网金融行业存在的问题,结合行业特点,互联网金融行业应做好以下几点措施。

一、常规性的风险管理方法

通过调研关注操作风险,深入了解业务风险,总结并提交模型思路,建立长效监控机制。互联网金融离不开计算机,作为数据交流的重要载体,可以借助计算机为主要审计工具来进行内部审计工作的开展,通过对计算机内数据输入和输出过程的升级从而衡量内部控制程序的有效性。这种方法的优势在于突破手工做账的局限性,大大减少工作负担,同时也有利于减少数据错失和失误,降低升级工作的风险。

二、专项风险管理方法

贴近业务发展与变化,防控高风险点,化解固有风险。内部审计工作必须坚持独立性的基本原则,所以负责内部审计工作的部门必须要保持客观中立,首先,参与内部审计的人员不可以参与内部经营活动,其次,内审人员必须形成正确的审计理念,保证内审工作不受其他因素干扰。所以互联网金融企业在设立审计机构时应该成立审计委员会,主要成员应该包括有企业的高管、相关的投资者和债权人,并聘用适当的外部审计人员。最后,内部审计部门的人员聘用、调动和考核等工作直接归审计委员会,以此形成形上和实质上的独立性。

三、相关建议与提示

从整体上看,我国经济的信息化水平还处于较低层次,互联网金融行业虽然发展迅速,但仍然处于起步摸索阶段,要保证互联网金融行业持续健康的发展,就必须加强并完善互联网金融行业的政策监管,从而降低内部审计的法律风险,促进行业更好地发展。

一方面,与业务部门充分沟通,规范管理,给予增值服务。另一方面,与各机构、各部门联动,提供部门职能介绍与风险案例分享,事前警示与防控风险。

1. 建立健全企业相关内部控制机制

互联网金融企业对信息系统是极度依赖的,几乎所有经营活动都是依托网络平台开展的,存在人员疏忽或故意操作错误、数据丢失、系统瘫痪或者系统受到攻击等。因此,企业必须建立一系列的内部控制机制,除了传统的保障公司资产资金安全、经营的效率和效果等控制机制,重点关注信息系统的安全与维护机制得以落实,保障企业关键业务的安全和发展。内部审计部门需要常规性地对控制机制的建立健全进行检查和评价,推进机制的建立和有效运行。

2. 利用计算机辅助审计技术

利用信息技术等手段辅助审计,对企业经营的运营数据和财务数据进行提取和分析,对内控情况进行测试,更大程度的减少审计人员人工收集数据和测试的工作量和人工失误,提升审计效率,降低审计成本,更全面地对企业的风险情况进行分析和监督。对如技术上对能够通过植入信息系统并设置参数对相关风险进行预警的,内部审计还可以相对实时地对风险进行监督,降低重大风险事件发生的概率。避免重大风险事故后才进行所谓"调查"或"追责"审计,将内部审计的风险控制工作稍微前置了,更有效的提升企业整体风险控制水平。

3. 提升内部审计部门的地位和内审人员素质

互联网金融企业存在着巨大的风险和挑战,企业股东和高级管理人员需要明白相对完善的风险控制机制对企业的发展有多大影响和重要性,在他们具有强烈的风险防范意识并意识到内部审计的重要性的基础上,才会提升内部审计部门的位置,赋予足够的财务预算,支持内部审计开展相关审计和控制的工作。此外,内审人员除了具备财务、审计、税务等知识和沟通、分析、计算机应用等能力的同时,对信息技术、经营管理、监管法规等一系列与企业风险防范有关的知识,都必须学习掌握并及时吸收新的资讯。企业应充分结合互联网时代和金融行业属性的特点,培养并及时向内部审计人员传递相关信息科技的发展情况、金融监管的变化情况以及公司战略的定位或调整情况等,使内部审计部门能够更高效的履行职责,提升内部控制和降低企业风险水平。

本章小结

本章通过对互联网金融企业的一些概念介绍,包括互联网支付、互联网信贷、互联网众筹、互联网基金销售等,通过对这些互联网金融企业的内部审计进行分析,罗列了相关的互联网金融企业内部审计存在的问题及原因,提出了互联网金融企业内部审计的风险管理措施。

习题三

1. 互联网金融的常见业态模式包括哪些?
2. 互联网金融行业的内控特点有哪些?
3. 简述互联网金融企业内部审计存在的问题。它们产生的原因有哪些?
4. 针对互联网金融行业存在的问题,结合行业特点,互联网金融行业应做好哪些措施?

第四章　大数据与会计信息化

学习目标

(1) 了解大数据时代的几种内部控制方法：云会计、云审计平台以及财务共享中心，了解其基本概念、功能、优势及风险。
(2) 从本章开始，将对大数据在内部控制各方面的具体应用给出一些实例，并对其进行介绍和分析。本书主要涉及的大数据内控手段包括云会计、云审计平台以及财务共享中心，它们都是最近一些年随着大数据技术发展而时兴的内部控制方法，我们会对它们逐一进行介绍。

第一节　从会计电算化到会计信息化

一、会计电算化

说起会计行业在信息化时代的发展，就不得不提到会计电算化这一概念。

会计电算化一词是 1981 年中国会计学会在长春市召开的"财务、会计、成本应用电子计算机专题讨论会"上正式提出来的。

会计电算化是指以电子计算机为主、将当代电子技术和信息技术应用到会计实务中的简称。具体而言，它是用电子计算机代替人工记账、算账、报账，以及替代部分由人脑完成的对会计信息的分析和判断的过程。

目前，会计电算化已成为一门融电子计算机科学、管理科学、信息科学和会计科学为一体的边缘学科，其主要任务是研究如何在会计实务中应用电子计算机，以提高会计核算和管理水平。

计算机在我国会计工作中的应用是从 20 世纪 70 年代末开始的。由于我国有关财会的规章制度、法令条例规定的比较详细，实践中要求比较严格，而且与国际上发达国家的会计原则有很大的差异，因而不能直接采用国外会计软件，必须在借鉴国际先进经验的基础上，密切结合我国的实际，开发设计具有中国特色的会计软件。从计算机在我国会计工作中的开展程度、组织管理和会计软件开发设计等因素分析，我国会计电算化的发展可分为五个主要阶段，分别是起步阶段（1982 年以前）、推广应用阶段（1983～1988 年）、普及与提高阶段（1989～1994 年）、由"核算型"向"管理型"发展阶段（1995～2000 年）以及向着财务集中管理系统的方向发展（2001 年至今）。

1. 会计电算化特点

(1) 会计电算化以电子计算机取代人的非创造性脑力劳动，与机器取代人的脑力劳动如出一辙,其显而易见的特点就是,具有手工会计所望尘莫及的数据处理速度和准确性,这是由计算机固有的特点所决定的。在程序的控制下,计算机可以不知疲倦地以极高的速度对数据进行对人来说纯粹是枯燥无味的各种处理,如分类、汇总、计算、传递等,只要程序和原始数据正确,其结果必然精确无误,并且快速及时。

(2) 会计电算化以先进的磁带、磁盘或光盘取代传统的纸张,作为信息的主要载体,特点是数据容量密度极高,大大减少了所占据的自然空间,保管、携带相对方便,数据的检索、传递异常快捷。对人来说,这些先进载体中的信息不如纸载信息直观,必须以计算机设备为媒介才能展现在眼前(输出到屏幕或打印机);在保管上要采取一些特殊的措施(如防磁、防非法篡改等);对传统的审计手段也要更新其技术方法,以适应这一先进的信息存储形式。以上两点是形式上的变化特点,下述特点是实质性变化。

(3) 会计电算化基于工具的变革,与手工会计相比,人的工作侧重点及其工作程序均有较大变化。在手工条件下,人的主要精力放在记账凭证以后的分类、汇总、登账、核对、结账、计算、报表等周而复始的琐碎事务上。在这过程中,重复抄录数据和大量的简单加减计算浪费了大量的人力,同时也是产生错误的根源。实际上,整个会计核算过程从记账凭证生成之后,其处理流程基本上是固定的,记账凭证可看成是原始的会计数据记录。各账簿中的数据只不过是根据核算要求从凭证中整理汇集而成。在电算化的条件下,上述会计核算过程,从对记账凭证的处理直至会计报表生成的整个实质性过程均由计算机代劳,无须人的干预。会计人员的主要工作,一方面放在加强对原始单据和记账凭证的整理和审核上,保证其能够正确无误地输入计算机(在与其他电算系统共同运行的情况下,在完成一项经济业务的同时即能生成合格的凭证,通过磁盘或联网能直接传递,亦省却了人工);另一方面将把主要精力放在对会计信息的分析、研究上,充分发挥会计人员的管理职能,利用计算机处理的结果,对生产进行有效的辅助调控、计划和决策,提高经济效益。会计人员从数据的奴隶变成数据的主宰者。

(4) 会计电算化可以使会计循环程序统一,避免了各单位为了减少登录数据的工作量而各取所需的做法,从而使核算方法规范一致。会计循环程序是将经济业务通过会计凭证记到账簿,再汇总到会计报表的步骤。在手工条件下,会计循环程序有多种形式,其目的在于,不同单位可根据实际情况,采取那些既能够及时、准确地提供完整、系统的核算资料,又能提高工作效率的形式。"记账凭证核算形式循环程序"是最基本的一种,其总分类账是直接根据记账凭证登记的,能较为详细地反映经济业务的发生情况、账户的对应关系和经济业务的来龙去脉了。电算化一般采取这种形式,虽然其工作量较大。

(5) 会计电算化的组织机构及对人员的素质要求和配备,有其自身的特点。新形势首先要求会计人员既要掌握会计业务知识,又要掌握电子计算机的使用知识;其次,在组织机构系统中是以会计事务的不同性质来划分和设置会计岗位,如工资、成本、材料、固定资产、销售等;在电算化系统,所有会计事务均由计算机程序实现,人员组织一般按照会计数据的不同形式或机器处理数据的不同阶段来划分,如凭证编制、数据录入、审核记账、数据输出、系统维护等,当会计电算化达到第二、第三层次时,还应将财务分析、决策计划纳入会计组织机构。

2. 会计电算化的意义

(1) 提高会计信息质量,提高会计人员工作效率。实现电算化后,用计算机完成原始数据的录入、打印输出各种财务报表、进行日常管理所需的数据查询等,不但代替原来靠会计人员手工进行的抄写、计算等工作,有助于提高数据处理的准确性,而且减轻了会计人员的劳动强度,大大提高了工作效率。

(2) 规范会计工作程序,提高企业管理水平。会计信息是企业管理信息的主要组成部分。实现电算化后,从会计数据的录入、处理以及输出等环节均通过会计软件完成,数据处理必须符合会计制度的规定和有关操作规范,使得整个会计电算化的过程得到良好的控制,在很大程度上消除了手工操作的不规范、不统一等问题,促进了企业经营管理水平的提高。

(3) 推动会计技术、方法、理论创新和观念更新,促进会计自身不断发展。会计电算化的实现,对传统会计方法、会计理论产生重大影响,从而引起会计制度、会计工作管理体制的变革,促进会计自身的发展。

二、会计信息化的发展

20世纪末以来,知识经济的蓬勃发展,现代信息技术对于传统会计模式的冲击以及企业信息化的发展进一步催生了会计信息化这一更加适应新时代的会计模式。会计信息化就是利用现代信息技术(计算机、网络和通信等),对传统会计模式进行重构,并在重构的现代会计模式上通过深化开发和广泛利用会计信息资源,建立技术与会计高度融合的、开放的现代会计信息系统,以提高会计信息在优化资源配置中的有用性,促进经济发展和社会进步的过程。它是国民经济信息化和企业信息化的基础和组成部分。

促进会计信息化发展的因素有很多,其中最重要的是以下三点:

1. 知识经济是会计信息化产生的外部条件

知识经济作为建立在知识和信息的生产、分配和使用基础上的经济,就是知识和技术的不断创新,高新技术的迅速产业化。它不仅仅对社会、经济以及个人带来更多的挑战和机遇,而且必将对提供企业管理信息、参与企业经营决策、服务于提高企业经济效益、处于企业管理核心地位的会计管理也产生诸多影响。

2. 现代信息技术与传统会计模型之间的矛盾,是会计信息化理论产生的内在因素

信息时代的到来,无疑对社会经济的方方面面,当然包括会计在内,必将产生巨大的冲击,并对传统会计模型提出新的挑战。现代信息技术对传统会计模型的冲击,主要表现在会计的存在和发展方面,除了受社会经济环境的影响外,主要还受信息技术的制约。从理论上讲,会计模型中的所有规则都应当与其所存在的客观社会经济环境相适应,然而所有这些规则的建立,却又都不能超越其在信息技术上实现的可能性。

3. 企业信息化对会计信息化的影响

企业信息化的目的,是实现生产过程中的自动化。为此,企业需要采用计算机辅助设计、计算机辅助制造以及其他自动控制技术来控制设计和生产过程,以减轻人们的劳动,提高产品的质量。所以,企业还需要建立管理信息系统,力图实现从生产到管理的全面自动化。会计信息系统是企业管理信息系统中的一个重要子系统,该系统产生了企业70%以上的信息,在企业管理中发挥着极其重要的作用,所以不实现会计工作的信息化也就谈不上企业管理的信息化。

三、会计信息化的特点及其与会计电算化的差异

会计信息化源于会计电算化,但不同于会计电算化,会计信息化在诸多方面与之有着显著的差异。

1. 历史背景不同

会计电算化产生于工业社会,随着工业化程度的提高,会计业务的处理量日益增多,会计工作的处理方法日渐落后,为了适应企业的发展,加强信息处理力度,所以采用电子计算机对会计业务进行处理。会计信息化则产生于信息社会,在信息社会中,企业的财富＝经营＋信息,可见信息之重要性。此外,知识经济的产生,使企业由原来的资本密集型和劳动密集型,向着知识密集型发展,谁拥有高新科学技术谁就拥有财富。总之,信息社会要求社会信息化,企业是社会的细胞,社会信息化必然要求企业信息化,会计占有企业70%以上的信息量,企业信息化必然导致会计信息化。

2. 目标不同

现行的会计电算化的信息系统是基于手工会计系统发展而来,其业务流程与手工操作方法基本一致,主要是为了减轻手工操作系统的重复性劳动,提高了效率;而会计信息化中的信息系统,是从管理者的角度进行设计的,能实现会计业务的信息化管理,充分发挥会计在企业管理和决策中的核心作用。

3. 技术手段不同

现行的会计电算化系统由于开始所产生的环境束缚,主要是对单功能的计算机设立的,后来的会计电算化软件也是在此基础上的发展和改善;而会计信息化中的信息系统是在网络环境下进行设计的,其实现的主要手段是计算机网络及现代通信等新的信息技术。

4. 功能范围和会计程序不同

会计电算化是对手工会计系统的改进,是在手工的基础上产生的,它的会计程序是模仿手工会计程序而进行,也就是以记账凭证为开始的,最后实现用计算机对经济业务进行记账、转账、提供报表等功能;而会计信息化是适应时代的要求,根据现代信息的及时性、准确性、实时性的特点而产生的,它是从管理的角度进行设计,具有业务核算、会计信息管理、决策分析等功能,其会计程序是根据会计目标,按照信息管理原理和信息技术重整会计流程。

5. 信息输入、输出的对象不同

会计电算化的信息系统主要是为财务部门会计信息化设立的,设计时只考虑了财务部门的需要,由财务部门输入会计信息,输出时也只能由财务部门打印后报送其他机构;而会计信息化是企业业务处理及管理信息系统的组成部分,其大量数据从企业内外其他系统直接获取。输出也是依靠网络,由企业内外的各机构、部门根据授权直接在系统中获取。

6. 系统的层次不同

会计电算化以事务处理层为主,会计信息化包括事务处理层、信息管理层、决策支持和决策层。

7. 理论基础不同

会计电算化是建立在工业经济环境,是与手工信息处理技术相适应的,企业管理的核心是对原材料、产品、厂房、机器设备等实物资产的管理,企业组织机构是一种"金字塔"式的纵向多层次的等级管理机构,是在亚当·斯密的传统分工论基础上的工业社会理论的会计模

型。而会计信息化是在信息社会中产生的,为了适应知识经济的发展,它是建立在现代信息技术基础之上,对会计信息处理流程进行根本性的再思考,并用集成化的方式、面向对象的方法进行了重新设计,使其能为会计信息使用者提供准确、完整、可靠、快速、合理的会计信息,进而实现会计信息的成本最低、质量最好、速度最快、服务最优的要求。

会计电算化与会计信息化虽有上述区别和差异,但两者存在着密切的联系。随着社会信息化的发展,企业在实现会计核算的计算机处理之后,必然要求对会计业务进行系统化的计算机管理。由此可见,电算化是信息化的基础阶段,信息化是电算化发展的必然结果。

第二节 云会计平台——会计信息化的新趋势

一、云会计的含义及其产生原因

云会计是建立在云计算基础上的、以互联网为媒介,由专门的服务商提供软件、硬件及其维护等服务,客户利用电脑等终端设备实现会计核算、财务分析等功能的在线会计信息系统。

现阶段,国内企业的会计信息化建设已经取得了相当大的成就,不少大型企业均完成了会计电算化的目标,除了能够有效提升会计工作的效率,也可以及时反馈相关信息,给企业生产经营的规划提供有效依据。近年来,随着物联网、互联网、云计算等IT通信技术的迅速发展,大数据呈爆炸式的增长,人类社会也进入了大数据时代。大数据的出现,极大程度地改变了人们的生活方式和工作方式,同时也给各行各业带来了机遇与挑战。对于会计工作来说,更是如此。

而当大数据与会计信息化相结合,即把云计算应用于会计信息系统上,在云计算环境下进行会计工作,这就是所谓的云会计。其实质是利用云技术在互联网上构建的虚拟会计信息系统,完成企业的会计核算和会计管理等内容。在该模式下,企业不需要投入巨大人力、物力、财力去构建、维护、开发会计信息系统,只需要有几台PC、浏览器和相关的用户软件连接到互联网,登录到网络终端的服务器上。由此,就可以低成本、高效的普及会计信息化。

所谓云会计,指的是一种虚拟的财务信息系统,它以互联网为基本平台,其主要功能就是为企业提供会计核算、财务监管及决策等方面的服务。从多个方面考虑,我们可以把其理解成,借助云计算的理念及技术所创建的一种会计信息化的基本设施及服务。云会计的具体内涵可从以下两方面进行阐释:一方面,对于软件供应商来说,云会计最重要的两个服务主体为软硬件基建设施及财务信息系统,通常包括服务器、控制系统、数据储存等;另一方面,对于用户个人来讲,云会计是建立在网络前提下的一种综合付费系统。

二、云会计平台发展的基本条件

1. 构建完善的云会计平台是基础

基于云会计需要的资金投入巨大,市场前景不明的状况,可考虑由政府牵头,作为一个重点专项,给予资金扶持,鼓励各厂商、各科研工作者予以研究、开发和实践。待条件成熟后,将某一市地或某一行业作为试点,进行大力推广,形成云会计示范工程,调动广大厂商参与的积极性。

2. 切实保障会计信息安全是前提

有针对性的防火墙是防范入侵的第一道防线,如通过检测和授权来自网络的数据内容及流向,可以有效阻止外来攻击,实现对进出数据的实时监控;云会计服务商完善的内部控制机制,诸如身份识别、访问控制、权限管理等措施,防止乃至杜绝非授权人员对用户信息的非法访问和窃取;在网络传输过程中,通过特有的加密技术,确保数据的难以破解,建立数据一旦被篡改可以恢复的保障最后,供应商做好数据的实时或者定时备份、异地备份,建立数据损坏、丢失时的应急恢复措施,做到历史数据不丢失,用户正常业务的实时进行。

3. 打破云会计的技术瓶颈是关键

在目前网络带宽、网速有保障的基础上,增强数据的通过能力、抗干扰能力、交互能力。利用网络节点故障的自检、自查、自动报警功能,通过自动修复和人工修复,搭建信息传递的快车道,提高客户终端的反应速度,实现客户终端与供应商云会计平台端的信息实时同步。通过虚拟化、数据加密、身份认证等,保证数据的安全性。另外,随着无线网络 WLAN 覆盖范围的普及化,应大力开发适用于 IOS、安卓、WINDOWS 系统的手机、平板电脑等多种客户端,充分发挥云会计的实时在线、移动办公功能。

4. 强化云会计的政府监管

(1) 出台云会计相关法规。可以先制定一些基本准则来规范云会计市场,维护信息安全,为云会计的市场发展指明方向,待时机成熟时,再逐步出台、修订相关的实施细则。

(2) 做好云会计供应商的资格审查、资质评估等工作,实现市场准入、退出机制。

(3) 强制执行相关行业标准,保证云会计数据应具有兼容性,在不同的云会计供应商的云端都能够导入导出,保证用户自主选择供应商的权利,防止垄断,形成良性的市场竞争环境。

5. 加快云会计产品的开发

一方面,在满足企业日常会计记账的基础上,进一步丰富、完善云会计软件的功能,逐步开发财务分析、决策支持、财务预警等模块,具备进一步的扩展弹性;另一方面,基于用户的需求,提供个性化定制服务,增强软件的客户自主定义性,满足不同行业、不同规模企业的多样化需求。

三、云会计平台的基本架构

在云会计的建设过程中,通常具有诸多方面的内容,比如说多种多样的会计服务应用软件,拥有核算功能的服务器、控制系统及网络资源存储设备等。从企业展开会计信息化建设的基本状况来看,借助云会计提供的服务,企业可将云会计划分成平台层、应用层、基本设施层、数据资料层及软硬件虚拟化层五个方面。云会计提供的服务及云会计的建设对应关系如图 4-1 所示。

从图 4-1 可以看出,云会计的每一层都由对应的服务构成。如利用云计算技术的软件即服务(SaaS)来构建云会计的会计核算系统、会计管理系统、会计决策系统、统一访问门户(Portal)以及其他与会计信息系统相关的业务系统;利用平台即服务(PaaS)来构建云会计的数据库服务以及会计信息化开发应用环境服务平台;利用数据即服务(DaaS)来构建和整合企业以会计信息和经济信息为核心的数据资源;利用基础设施即服务(IaaS)构建云会计的存储及数据中心的应用环境;利用硬件即服务(HaaS)来构建服务器集群,形成有效的弹性

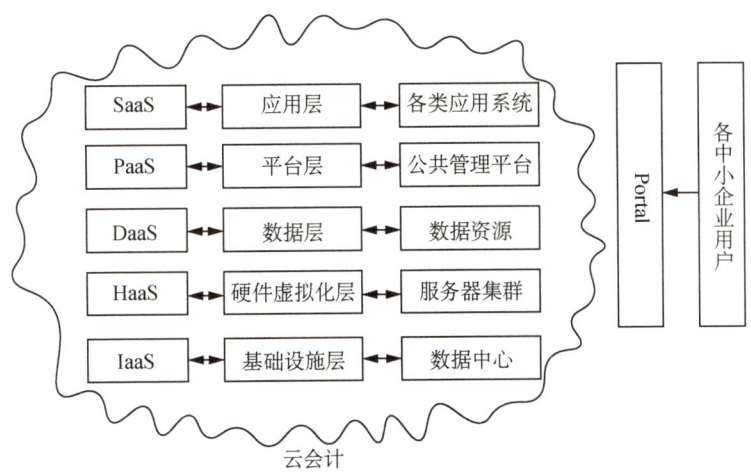

图 4-1　云会计系统的基本结构图

计算能力,最后形成基于互联网的云会计系统。此外,通过建设中小企业统一访问门户,实现相应服务目录的管理和提供,完成企业与云会计提供各项服务的连接。在云会计基本体系结构中,每一层的构成可以来自一个云会计服务商,也可以来自多个服务商,如存储空间的给予可以向多个供应商购买,会计信息系统的各个模块也可向多家软件供应商分别购买。

四、云会计软件的特点

会计云计算与传统会计软件相比的几个最大的不同点是(如图 4-2 所示):

(1) 银行对账。在会计云计算系统中,银行对账变得简单易行。目前国际上主流的会计云计算软件都支持来自网上银行的实时数据。没有实时数据的银行一般都提供可下载的电子对账单。这些电子对账单可以直接导入会计云计算系统中,从而使银行对账变得简单和智能化。在会计云计算系统中,会计人员无须手工输入银行对账单上的内容和金额,节省了大量时间。智能化的会计云计算系统会自动记忆已经发生过的交易,并自动建议发生额的归集科目,从而减少了手工选择科目和税种的时间。

(2) 数据备份。使用传统的会计软件一般需要每日备份数据。会计云计算系统上所有的数据都是实时的,一般没有备份的必要。主流会计云计算系统会和传统会计软件一样保留完整的审计线索,所以在发生和发现错误时,可以通过反向分录来纠正。

(3) 可扩展性。由于自身基于网络服务器,会计云计算系统有很好的可扩展性,可以轻松的与其他商业系统实现对接。主流的会计云计算系统如 Xero 已经开发了自己的插件平台,很多提供数据整理、报价系统的软件公司可以围绕会计云计算核心系统开发实用的增值服务。这在传统会计软件上是无法实现的。

因此,云会计平台就展现出来其优势:

(1) 成本低。云会计是通过软、硬件服务的方式提供,云会计的使用者通过电脑等电子终端访问,按需购买,按时或者按量付费,无须投入服务器、交换机等硬件设备,一方面避免了设备折旧、过时等问题另一方面省去了网络、硬件设备的后期维护费,能为企业减少一笔不小的开支。

图 4-2 云会计软件的特点

（2）扩展空间有较强的弹性。在云会计下，企业无须拥有服务器等设备，也就不再受系统配置、存储空间等硬件条件的限制，可以根据自身的特点而选择所需的云会计服务的数量和种类，具有很大的灵活性。

（3）数据安全性高。供应商负责整个云会计系统的平台建设，以及包括虚拟化、管理、数据库、用户接口、防火墙等在内的基础设施，有专门的技术团队负责日常管理与维护，提高了数据的安全性。

（4）移动办公、异地办公成为可能。云会计下，用户可以在任意位置、任意场合，利用电脑、手机等终端设备，通过网络服务随时查询数据。通过身份授权及权限分配，工商、税务等政府机构以及会计师事务所、银行等，可以足不出户完成对企业的财务检查、审计。

五、云会计平台的风险及防范

（一）云会计平台的风险

尽管云会计相比于传统会计存在着诸多优势，但由于云会计使企业会计信息的存储与其所在的物理位置出现空间上的分离，这使得企业应用云会计时往往会涉及大量会计信息的存储、传输和使用，从而存在相应的风险隐患。尽管云会计服务提供商也能够提供较完备的安全管理机制，但也不能保证会计信息的绝对安全。其主要存在着下列几点问题：

1. 会计信息的存储安全

由于云计算采用虚拟化和分布式存储技术，会计信息到底存储在哪里用户是不清楚的，云会计服务提供商可能拥有某些特殊的权限，会计信息在云中的存储管理技术不完善都会对会计信息的安全造成隐患。

会计信息存储在云环境中，其数据的完整性、机密性和安全性最引人担忧。通常的解决方案是采用数据加密的方法，为了确保有效的数据加密，需要考虑所使用的加密算法的可靠性,也需要考虑所做的加密是否能够确保会计信息的安全。由于用户通常没有足够的专业知识,他们通常委托云会计服务提供商管理密钥。

云会计服务提供商需要为大量用户提供加密保证,管理也将变得更加复杂和困难。管理难度的加大、人员配置的增多以及互联网的开放性将不可避免地出现一些问题。云会计服务提供商相关人员泄露重要的会计信息,网络黑客或竞争对手利用专业病毒和间谍软件,绕过财务软件关卡进入会计信息库,对存储在云端的会计信息进行非法截获并恶意篡改。这些问题的出现都将成为企业应用云会计时的担忧。

2. 会计信息的传输安全

在企业内部传输会计信息时,传输通常并不需要加密或者只是内部约定一个简单的加密算法进行加密。然而当会计信息通过云会计服务提供商传输到云端时,会计信息的安全性和完整性都应该得到保证。会计信息传输至云中时,企业用户在会计信息安全性和完整性方面高度受制于其云服务器供应商。因此,一方面云服务供应商应当采用更加复杂的加密算法,以防止数据泄露给未经授权的用户,另一方面企业还得根据需要在传输协议中增加会计信息的完整性校验,同时,由于各种会计信息的传输一般都需要通过互联网,信息传输的载体发生了改变,使得信息流动的确认手段出现了多种方式。企业的会计信息在与云会计服务提供商之间的传输过程中可能被竞争对手非法截取、修改和删除,会计信息在通过互联网进行传输的过程中可能留下一些痕迹,竞争对手可以通过痕迹追查、获取到对他有价值的会计信息。这些情况都时刻威胁着会计信息的传输安全,然而对于会计信息的安全性保证,不仅在信息传输的过程中存在问题,而且在会计信息的使用中也同样存在问题。

3. 会计信息的使用安全

会计信息作为企业的核心商业机密,其使用对象一般是财务以及与财务密切相关的管理者,如果使用环节会计信息出现重大问题,往往对企业的影响是致命的。因此,如何进一步加强云会计的安全性和消除企业对云会计的质疑,如何保证企业存放在云端的会计信息不被非授权人员使用。如何确保会计信息在使用的过程中不外泄,是当前云会计服务提供商和企业共同面临的问题。企业在应用云会计进行财务处理的日常工作中,财务人员的保密意识差,财务人员在工作中的人机分离,用户密码过于简单,用户的角色分配和操作权限设置不当,软件功能缺陷使关键会计信息的访问留下不应该有的痕迹,未经授权随意使用U盘等。这些情况都将使会计信息在使用过程中存在安全隐患。会计信息意外泄露给非相关人员或者被人有意盗取,对任何企业都是致命的。面对当前会计信息安全问题的日益严峻,当务之急是解决在云会计中出现的会计信息安全问题。

(二) 云会计平台的防范

针对以上几点安全性风险,各类企业特别需要关注以下几点。

1. 保证重要数据在企业控制之下

会计信息和经济信息是企业的核心价值所在,在云会计模式下,数据托管于云会计服务提供商的云存储平台上。虽然从技术角度,云会计服务提供商一般均能提供较高的数据安全机制,但这并不能保证企业的会计与经济信息完全在自身控制之下。企业对会计和经济信息存放在云上的安全性存有疑虑,难以信任。在当前有关网络信息传播的知识产权立法不够完备的情况下,企业应根据自己的具体情况研究应用云会计的可行性,有选择地使用云会计的模块。此外,对于企业的各类会计和经济信息,应根据其重要程度决定是否交由云会计服务提供商管理。

目前,大约有70%的企业不愿意将企业内的会计和经济数据放在公有云上,主要是从安全性的角度考虑。但是,随着数据业务投入越来越大,越来越多的企业,包括对数据安全性要求非常高的金融业也逐步走向公有云。

2. 选择合适的云会计服务提供商

云会计服务提供商的选择直接关系到企业会计信息化实施的成效,因而企业应慎重选择云会计服务提供商。在选择云会计服务提供商时,应对服务商的规模、对外服务、价格和信誉等因素进行综合考虑,同时还需考虑云会计服务的安全性、稳定性、可定制性、可扩展性及技术支持。

云会计的可定制性可使企业在云会计服务商提供的基础功能模块之上根据自身业务需求灵活地进行模块组装,使得会计云应用具有自己的特色。为了实现企业各类信息充分的互联互通以及业务的整体推进,企业的会计信息系统应处于一个统一可扩展的平台上。这要求企业采用云会计的业务模块应能方便地和其他云会计模式的业务支持系统或资源服务系统互联。如果做不到这一点,说明基于云会计的应用不具备高可扩展性。

3. 对企业财务会计部门机构设置与会计业务流程进行变更

当企业引入云会计之后,其机构设置和业务流程都会与以前有所不同。企业应在深入分析的基础上对机构设置和业务流程进行适当的变更,使机构设置达到统一、精简、高效,各业务之间实现有效衔接。

4. 数据的延时和应用的有效性

企业采用云会计模式后,数据在互联网上,数据存取的速度受到网络带宽等诸多因素的影响,延时情况难以控制。此外,并不是所有的会计信息化应用都适合在云上运行,企业是否能够找到适合的云会计应用,是否能够从现有的会计信息系统转换,这些需要深入研究。

5. 业务模型的选择

企业应结合自身的实际情况,选择最适合企业的云会计应用模型,如公共云、私有云、软件即服务、平台即服务、基础即服务等服务模式。

第三节　云会计在中小企业会计信息化的应用

随着会计信息化的发展,越来越多的企业和财务软件开发商将目光聚焦到"云会计"。云会计以高效率、低成本、易更新维护、易与外部信息系统协同、为大数据决策提供支撑等优势能够给企业带来较高的处理效率,并提升企业的核心竞争力。云会计厂商能够根据企业的需求,将若干会计云服务组装成为企业所需的云会计产品。选择过程中,其产品可信程度是企业在选择云会计时重要的考虑因素。

借鉴当前软件可信性评估领域研究成果,结合云会计的特征,我们从质量、使用、声誉三个维度建立了云会计产品可信性评价指标体系,具体包含可用性、可生存性等15个评价指标,如图4-3所示。

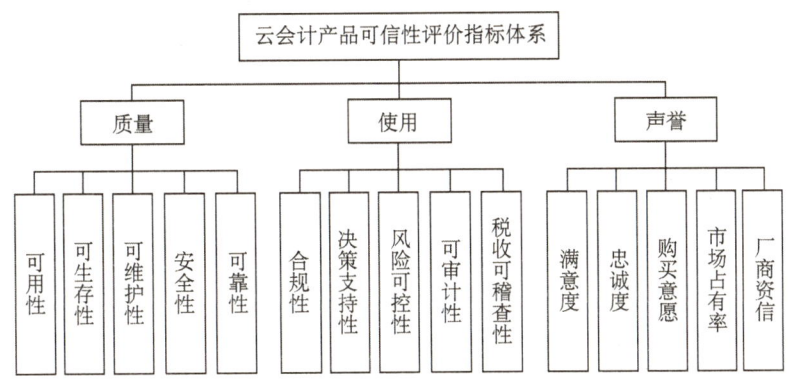

图 4-3　云会计产品可信性评价指标体系

1. 质量维度

质量维度的可信性评价中,首先关注产品的可用性这一质量基本属性,即评价 AIS 在一定时间内、一定条件下实现企业常规业务处理、管理控制功能的可信程度。在此基础上考察可用性的衍生相关属性,包括安全性、可靠性、可生存性、可维护性四个评价指标,它们分别关注于:AIS 保障传输、处理、存储的数据不被盗用截取和未授权篡改的能力;AIS 无故障稳定运行的能力;在出现系统故障、人为错误操作、外部恶意攻击等情况时,系统采取特定策略恢复正常运转的能力;厂商识别、应对潜在或已发生的系统风险、介入无法自动恢复的故障使 AIS 恢复正常并将损失降至最小的能力,以及云端的服务及时更新升级的难易程度。

2. 使用维度

使用维度主要关注产品的合规性、决策支持性、风险可控性和税收可稽查性等评价指标。合规性是用户对云会计产品可信性的根本需求,如果 AIS 不能在企业财务处理与管理控制中遵照相关会计法律法规、规章制度以及会计信息化领域中诸如《会计核算软件基本功能规范》等法规,无论是内在的软件实体还是外在的使用功能都难以实现使用维度的可信。决策支持性和风险可控性均是针对云会计产品利用云计算的技术优势实现的 AIS 高级功能进行可信性评价,AIS 实现与内外部信息系统的协同、整合、汇总、提炼有价值信息实现辅助决策、风险防控功能,可以通过决策和预警等职能的成功频率等信息进行评价。可审计性和税收可稽查性是从内外部监管者角度考察产品的可信性,AIS 输出的信息应当真实可信,有据可查,有线索可审;AIS 应预留与税务、审计等监管部门的信息系统一致的数据接口,便于内部、外部审计监管与税务稽查,以督促企业提供更真实可靠的会计信息,才能可靠保证云会计产品的可信性。

3. 声誉维度

声誉维度评价指标主要从用户评价、市场反应、厂商资信角度对产品声誉进行可信性评价。用户评价包括满意度和忠诚度,可以通过独立的第三方调查用户对产品的反馈意见、对产品的服务期限以及产品服务期结束后续约购买情况进行评价。用户购买意愿与产品市场占有率是从市场反应角度来评价声誉维度可信性,由消费者购买意愿寻访调查、产品市场占有率统计汇总等方式获取市场反馈信息。厂商资信也是评价中不可或缺的重要指标,评价时需要考虑厂商对产品和服务等承诺履行的相符程度以及厂商对该产品开发、维护,提供使用培训、专家咨询等资质能力等,与云会计产品的维护与长远发展密切相关。

第四节 云会计产品的可信性等级模型

一般来说,如果云会计厂商能够提供既定统一规范标准的可信性等级产品,企业就能够很方便地根据自身需求选择相应可信性等级的产品。因此,借鉴软件项目管理领域的CMMI模型和文献可信分级思想,将其引入云会计产品的可信性评价,构建了云会计产品可信性等级模型,如图4-4所示。

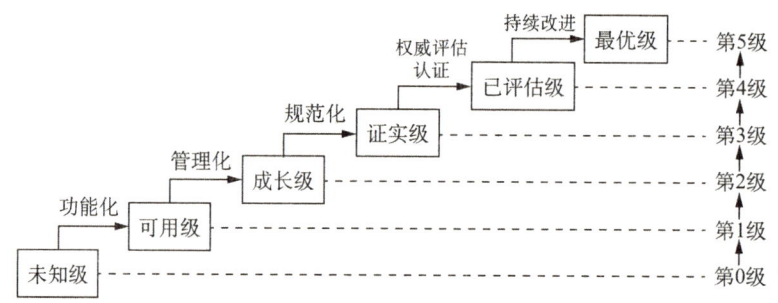

图4-4 云会计产品可信性等级模型

云会计产品根据其可信性水平被划分为6个等级(从0至5),可信性水平逐级升高。每个可信性等级都是在已符合上一可信性等级的基础上进行考察(不包括第0级),每个等级的云会计产品都表示该等级中涵盖的要求已经满足,为产品进入更高的可信性等级打下基础。云会计产品各个可信性等级的定义如下。

(1)未知级:未获得可信性证据或已获得的可信性证据不充分,无法评估云会计产品的可信性。

(2)可用级:能够实现云会计厂商承诺的AIS基本功能,AIS在大部分时间都能够稳定运行;出现故障对企业财务、业务、管理等方面的影响不大,多数情况下不会影响企业的正常运转与管理控制;用户对产品满意度和忠诚度较低。

(3)成长级:在可用级的基础上,对AIS基本功能更加完善,部分实现高级功能,AIS故障频率和失误次数等不可信因素可以较为准确地预测并能控制于低水平范围内。但是对产品的可信性评价还仅限于局部的、笼统的评价,评价结论说服力不强。

(4)证实级:AIS符合行业统一设计、编写规范以及接口标准,具有一定的可靠性和可维护性;较为全面正确地支持企业经营管理目标,在已管理级的基础上实现了较高难度的可信性功能,如战略支持、风险控制等;该产品的厂商已经出现较多成功案例,用户对该产品较为认同,有一定的忠诚度和购买意愿。

(5)已评估级:在证实级的基础上,云会计产品通过权威软件可信性评估机构的可信性评估认证。可信性评估中均能获取完备的可信性证据,并且产品制造过程和结果都规范可复用,即具有可信的产品制造过程,可以被具有相似功能目标或管理过程的产品借鉴和改进,以更高的效率生产出高可信的云会计产品。

(6)**最优级**:云会计产品的可信性最高级别。产品在已评估级的基础上持续改进,质量、使用、声誉维度均得到了最优的评估结果。可信性等级模型有助于分级量化表示云会计产品的可信性,便于行业制定云会计产品开发、服务、评价、定价、监管标准,进行分类管理;用户可以根据业务水平需要选择相应可信性等级的云会计产品,使企业的信息化建设更加符合成本效益原则;也便于厂商加强云会计产品的质量控制,建立以可信性为导向的全面质量管理制度,不断提高云会计产品的可信性水平。此外,可信性等级模型的建立有助于云会计厂商与用户签订相应的 SLA(Service Level Agreement,服务等级协议),对服务条款、双方责任、违约赔偿等达成共识,在出现违约或纠纷时便于明确责任及赔偿义务。

本章选取了几个大数据时代内部控制系统的主要变革进行讲解,分别是云会计系统、云审计平台和财务共享中心。本章初步解释了这几种系统的发展变革、功能运作、优势以及风险。

1. 分别概括会计电算化和会计信息化的特点,并指出其不同点。
2. 云会计平台分别由哪几层基本结构,请一一列举。
3. 云会计软件相比于传统会计的优势有哪些?弊端又有什么?
4. 云会计产品根据其可信性水平被划分为哪 6 个等级?

第五章 大数据环境下的云审计

学习目标

了解大数据和云计算对于审计模式的影响,了解云审计平台的运行模式及其安全风险和应对措施,了解大数据时代围绕云审计平台的信息生态系统。

第一节 大数据、云计算对审计模式的影响

传统手工审计是通过对纸质账簿的检查来实现其职责的,自从20世纪80年代开始,以查账为主要手段的审计职业遇到了信息技术的挑战。传统审计面临着"打不开账,进不了门,审不了数"的困境。随着被审计单位信息化趋向普及,审计对象的信息化使得审计信息化成为必然。目前,面对大数据、云计算技术的产生和发展,审计人员需要应时而变来适应由此而带来的变化,分析大数据、云计算技术对审计方式、审计抽样技术、审计报告模式、审计证据搜集等技术和方法的影响。

针对审计单位,由于不断采用新技术,信息系统日趋复杂,数据量急剧增长,要求管理者和被管理者、审计机关和被审计对象所使用的工具手段必须处于同一个量级,才能相互适应,形成有效的监督制约关系。应对大数据背景下对审计工作带来的挑战,规划构建审计信息化"3+1"平台(即建设三大系统、完善一个支撑),推动审计能力和技术水平提升。

建设三大系统,即建设审计综合作业系统、审计指挥中心和审计模拟仿真实验室,提高审计管理、分析预测和领导决策支持水平。建设审计数据综合分析系统,主要包括现场审计实施系统(AO)"云"化改造,建设证券、住房公积金、国土、定点医疗机构等行业的联网审计系统,并在此基础上,建立审计数据综合分析系统。建设审计指挥中心,完善审计管理系统(OA)项目管理、动态展示、决策指挥、审计风险防控等功能。建设模拟仿真实验室,开展情景化培训和案例化教学,促进提高审计人员技术应用水平和审计实战能力。

而随着会计大数据时代的到来,所有企业都需要改变传统的观点,向数据分析型企业转型,构建会计大数据分析平台,全过程、全方位、全员地利用数据。而如何避免云平台闲置,使其真正发挥作用,是各个企业内部控制必须关注的问题。

首先,企业务必深刻认识到,数据分析能力可以决定价值创造过程的质量。对企业来说,真正有价值的,是数据背后的信息,通过对信息的集成、处理,集思广益,找寻到企业的精准点,才能转化为企业的"智慧"。每个企业的精准点各不相同,需要靠企业各自的内部控制来挖掘。

其次,企业必须确保大数据的质量。垃圾的数据,只会使企业获得垃圾的信息,产生垃圾的决策,最终导致失败,数据具有时效性、无形性、多样性、完整性、准确性,数据收集、传

递、处理、分析等集成过程中的任何一个环节都要保证质量。企业内部控制的有效性必须基于大数据的完整性、准确性、一致性、可信性、时效性和可解释性。

最后,企业需解决内部控制的核心问题:云平台的建设。大数据黏合性的特征决定了大数据不是单一产品、单一部门可以解决的问题,它需要融合多个部门传统＋创新的技术,构造出一整套解决问题的方案。构建云平台的基础是构建大数据分析平台,要求企业完善内部控制体制,协调各个部门,从大数据中挖掘出价值,构建一个灵活的、可拓展、可延伸、易管理的企业大数据云计算平台。

对于审计人员来说,大数据也有其深远影响。为了适应大数据环境下审计工作的要求,现代审计人员需要具备审计知识和业务能力,也需要掌握现代信息技术思维方式和技术技能,即提升四种能力:数据分析、思路创新、综合判断和跨专业知识运用。

(1) 数据分析能力。大数据时代,审计人员应具备较强的数据分析能力,将各自为政、相互分割的账本、报表等有机结合起来,整合各种数据资源,综合运用查询分析、统计分析、多维分析及挖掘分析等多种数据分析技术,强化财政预算和预算执行单位的关联分析、财政与宏观经济数据的关联分析、财务数据与业务数据的关联分析、不同领域和专业间的关联分析等。

(2) 思路创新能力。审计人员应在已有审计经验和知识积累的基础上,具备发现新事物、创造新方法、解决新问题的思维能力,包括审计思路创新、审计观念创新和审计方式创新。大数据背景下的审计工作必须打破传统,从海量的数据中提取有效信息,创新审计思路,构建数据分析方法,发现存在疑点,最终归纳出审计结论。

(3) 综合判断能力。大数据审计,需要加强对海量数据的性质、状态及其发展趋势的认定能力。能够将职业判断与数据分析有机结合起来,从看似不相关的数据中发现其内在规律和联系。数据是载体,载体反映的是经济活动、业务活动的过程或结果。在大数据环境下,需要利用信息流向,去判断资金的走向、物资的走向、业务的走向,进而对已发生的经济业务进行查错纠弊,对未来经济业务趋势进行合理预测。

(4) 跨专业知识运用能力。审计对象业务的复杂化,审计数据的海量化,需要掌握审计学、统计学、计算机科学与技术等方面的知识,提升对审计电子数据的获取、安全管理和综合分析能力,掌握数据处理与分析的基本原理和方法,灵活运用主流的数据处理与统计分析工具,搭建数据分析框架和数据分析模型,逐步建立和完善相关审计方法体系,实现数据分析方法的有效运用。

第二节 电子数据审计与云审计平台

本节内容将会具体探讨如何在大数据环境下实现电子数据审计,以及进一步地,如何在云平台上完成审计。

一、电子数据审计

随着信息技术的发展,组织的运行越来越依赖于信息技术。因此,一方面,在信息化环境下信息技术成为审计的对象,即如何对被审计单位应用的信息技术进行审计,一般情况下多称为信息系统审计;另一方面,在审计信息化环境下,信息技术成为审计的工具,即审计人员如何应用信息技术帮助他们开展审计工作,也即计算机辅助审计技术(Computer Assisted Audit Technologies,CAATs)。

概括来说,常用的计算机辅助审计技术可以分成两类:一类是用于验证程序或系统的计算机辅助审计技术,即面向系统的计算机辅助审计技术;另一类是用于分析电子数据的计算机辅助审计技术,即面向数据的计算机辅助审计技术,也可以称之为电子数据审计技术。电子数据审计是我国目前开展审计信息化的重点。国际上也高度关注电子数据审计问题,国际内部审计师协会于2011年发布的全球技术审计指南《数据分析技术》中重点分析了面向数据的CAATs在审计数据分析中的应用。

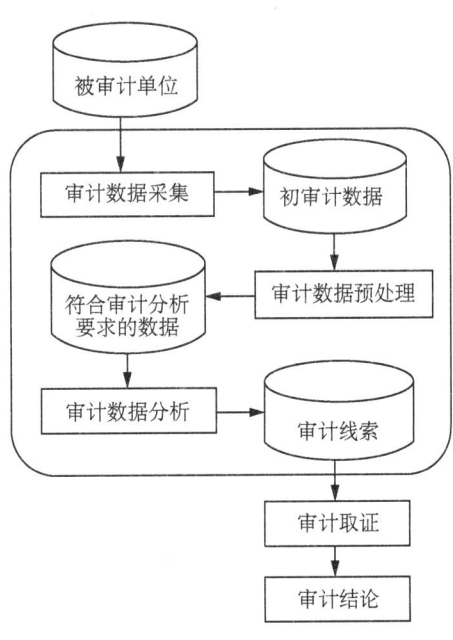

图 5-1 电子数据审计原理图

在实际的审计工作中,为了避免影响被审计单位信息系统的正常运行,并保持审计的独立性,规避审计风险,审计人员在开展电子数据审计时,一般不直接使用被审计单位的信息系统进行查询分析和检查,而是将所需的被审计单位的电子数据采集到审计人员的计算机中,利用相关软件进行分析,其原理如图5-1所示。

审计人员根据审计任务的需要,到被审计单位现场采集电子数据,然后对这些电子数据进行预处理并完成数据分析,获得审计证据,这种开展电子数据审计的方式可称为现场电子数据审计,这是目前电子数据审计的主要方式。近年信息技术的发展使得审计信息化向持续、动态、实时的方向发展,持续审计(或连续审计)成为审计信息化的一个重要发展方向。

相对于现场电子数据审计,现今正在逐步实施开展的联网审计也可以看成是远程联网电子数据审计,其原理可以看成是一个采用远程联网方式从被审计单位采集电子数据,并对其进行分析,获取审计证据的过程。联网审计技术的应用为审计单位积累了大量的电子数据,这为开展审计大数据分析提供了条件,也为云审计平台的构建构成了铺垫。

二、云审计平台的构建与运行

在具体介绍云审计平台之前,我们必须先弄清楚云计算的一些具体概念。我们在本书第二章的时候已经探讨过了云计算的概念及其特点,知道了云计算是在大数据发展过程中所诞生出来的一种分布式计算、并行计算和网格计算的发展。它的核心思想是将大量用网络连接的计算资源统一管理和调度,构成一个计算资源池向用户按需提供服务。

那么,云计算具体是如何向其用户提供服务的呢?目前,根据权威定义,云计算主要分为三种服务模式,而且这个三层的分法主要是从用户体验角度出发的。这三种服务模式是基础设施即服务(IaaS)、平台即服务(PaaS)和软件即服务(SaaS)。

IaaS层的主要作用是以服务的形式提供服务器、存储和网络硬件以及相关软件。它是三层架构的最底层,是指企业或个人可以使用云计算技术来远程访问计算资源,包括计算、存储以及应用虚拟化技术所提供的相关功能。无论是最终用户、SaaS 提供商还是 PaaS 提供商都可以从基础设施服务中获得应用所需的计算能力,但却无需对支持这一计算能力的基础 IT 软硬件付出相应的原始投资成本。

PaaS 层的主要作用是以服务的方式提供应用程序开发和部署平台。它将一个完整的计算机平台,包括应用设计、应用开发、应用测试和应用托管,都作为一种服务提供给客户。在这种服务模式中,客户不需要购买硬件和软件,只需要利用 PaaS 平台,就能够创建、测试和部署应用和服务。

SaaS 层的主要作用是以服务的方式将应用程序提供给互联网最终用户。它是用户获取软件服务的一种新形式。用户无需购买软件,不需要将软件产品安装在自己的电脑或服务器上,而是按某种服务水平协议(SLA)直接通过网络向专门的提供商获取自己所需要的、带有相应软件功能的服务。

以上三种不用类型的云服务层为有效管理信息资源、充分利用信息资源提供了新思路,为研究实现信息资源云服务提供了新机遇。

基础设施层 IaaS 为审计机构提供了统一的基础设施服务,包括处理、存储、网络、安全防范和其他基本的计算资源。而系统服务层 PaaS 为下级审计人员提供审计与其他综合服务,包括资源服务中的信息共享、专家经验库的上传和下载审计案例经验、对资源进行调度和安排,实现对各种资源的高效利用;管理服务平台提供综合管理、消息发布和接收,审计 BBS 论坛的交流和讨论等;应用与维护平台提供资源部署与分发、专业工具和程序段开发、系统应用与维护服务等功能,下级审计机关无须为缺乏维护的专业人员和高昂的维护费用发愁。

系统应用层 SaaS 是云审计平台的中心,主要部署审计实施系统、审计管理系统、审计决策支持系统和审计数据中心。审计数据中心是在云环境下对大数据信息进行集中采集、处理、存储、传输、交换和管理的一个中心数据库,中心数据库除了包括被审财务业务数据,还包括审计综合信息数据库、审计专家经验数据库、法律法规数据库等。审计人员只需要通过 Web 浏览器进入云端应用系统,就能方便、快捷、安全、完整地从云审计数据中心获取审计所需要的数据并进行审计作业。其具体的平台构架如图 5-2 所示。

在云审计平台的运行上,主要分三大块内容:数据采集、数据分析、数据存储。

1. 数据采集

由于被审计单位信息系统的布局、云平台架构、系统结构等方面各不相同,因此对不同的单位应采取不同的数据采集方式。被审计单位可以不使用云平台存储数据,也可以使用云平台两个方面来存储数据。如果不使用云平台,那主要采用联网报送审计数据方式;如果采用云平台的方式,那么可以通过建立数据接口的方式采集数据,抑或可以利用嵌入审计软件来达到同样效果。

2. 数据分析

审计数据分析技术是指通过分析财务数据之间以及财务数据与非财务数据之间的关系,取得审计证据的技术。在云审计模式下,利用云审计软件服务层的审计实施软件,通过建立审计中间表,运用审计分析模型、多维数据分析、数据挖掘技术等,实施审计数据分析。

3. 数据存储

审计过程中采集的电子数据越来越多,数据量也越来越大,从而形成海量的审计数据。

数据的爆炸性增长不仅要求云数据中心能存储日益增长的数据，合理地管理数据，更重要的是要保证数据的安全和有效使用，数据的存储成为云审计中的一个关键环节。传统的现场审计模式下，审计人员采集和转换后的电子数据要经 U 盘等磁性介质传送，容易丢失，还容易传播病毒。采集来的电子数据一般都保留在自己的笔记本上或本地局域网的计算机上，数据安全得不到保障，共享性差。而且随着时间的推移，如果这些数据没有得到很好的组织和维护，其利用价值也将越来越低，对信息资源是一个很大的浪费。在云审计平台下，数据存储依托云数据中心。云数据中心通过集群应用、网格技术或分布式文件系统等功能，将云审计平台数据中心的存储设备集合起来协同工作，共同对外提供审计数据存储和审计作业访问。采用云存储后，审计数据的使用和输出也变得相当便利，审计人员通过平台应用端口同步文件到本地即可，审计人员只要有一个接收端，电脑、手机、平板等都可以，就可以在任何时间、任何地方进行审计作业，工作的便利性大大提高。

其具体原理图如图 5-2 所示。

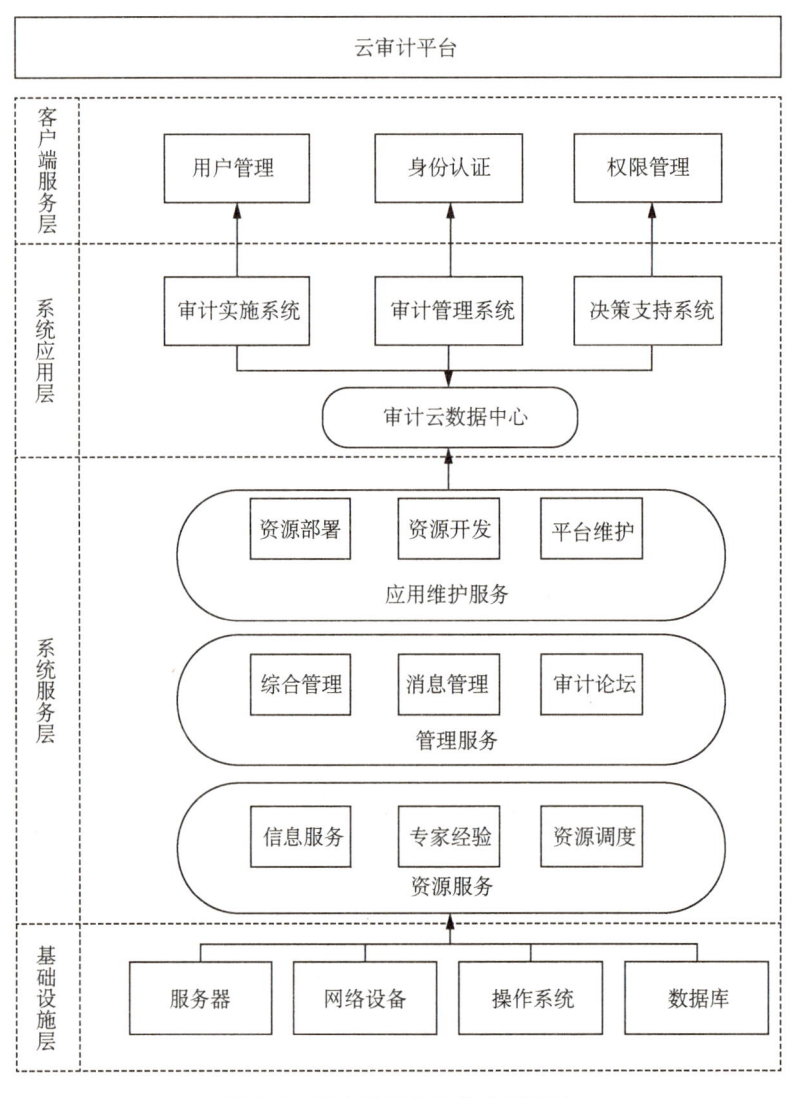

图 5-2　云审计平台的构建原理图

第三节 基于云审计和云会计平台的信息生态系统

诞生于信息智慧文明时代的信息商务生态系统,是商业生态系统的一个环节,也是这个庞大系统的基础系统之一。本节主要探讨在大数据时代下的云审计与云会计平台的信息生态系统的组成要素与构建条件。

一、信息生态系统的定义和形成路径

信息生态系统是指在一定信息空间中,由于信息流动而形成的人、人类组织、社区与信息环境的有机统一体。在大数据、云会计时代,信息系统不再局限于一个组织的内部,而是可以拓展为以组织和个人为双重主体,通过数据挖掘等技术筛选出来的信息为生产要素,使信息流通过生态位势的差异实现跨组织流动,从而形成科学合理的信息生态系统。在从信息共享向信息增值和优势产生不断演化的过程中,使各信息主体不断优化、持续发展,进而促进信息生态系统的动态发展与演化。

信息驱动视角下,一方面,会计信息作为信息生态的生产要素,是连接会计领域、审计领域、内部控制领域以及税务领域的核心,也是信息流动的基础;另一方面,随着社会信息化的发展,特别是大数据、云计算技术的兴起,以云会计为代表的会计领域的信息化发展一直领先于会计其他相关领域。因此,云会计的产生和发展从信息质量、信息载体和信息形式等多方面影响着审计、税务等领域的信息使用者,加快了其他领域信息化的进程,并推动了基于云会计的信息生态系统的形成。

云会计(会计信息化)、审计信息化、税务信息化和内部控制信息化构成了"多位一体"的信息生态系统,其中云会计既是系统要素,又可以作为系统环境。由于云会计的发展在现阶段领先于其他系统要素,所以在信息系统构成的初期,云会计主要作为系统环境推动审计信息化和内部控制信息化等系统要素的发展,而在基于云会计的信息生态系统发展至成熟阶段,各要素的发展程度较为统一且达到较高的发展水平,此时云会计更多的是作为系统的构成要素,与其他要素相辅相成,共同促进信息生态系统的均衡发展和持续演化。

二、基于云会计与云审计的信息生态系统构建

大数据时代,组织和个体对于数据的需求由单一的结构化数据向半结构化数据、非结构化数据和结构化数据共同构成的多元化数据集转变,将数据资产转变为对组织或个体有用的信息资产显得越来越重要。云会计、云审计的出现为企业的数据获取与分析提供了基础,以云会计和云审计平台为基础构建审计领域、内部控制领域和税务领域"多位一体"的信息生态系统,更能适应大数据时代的发展,实现系统的均衡优势。基于云会计和云审计平台的信息生态系统如图5-3所示。其中,平台的构建条件包括:

(1)大数据相关的法律法规完善。我国与大数据相关的法律法规还并不完善,可能会产生数据滥用与数据安全等多种风险,如果想要大数据在信息生态系统中得到更广阔的发展与安全应用,制定一套合适的法律法规是必要的基础保证。

(2)大数据信息标准化。会计信息化的发展一直伴随着对信息标准化的讨论。信息生

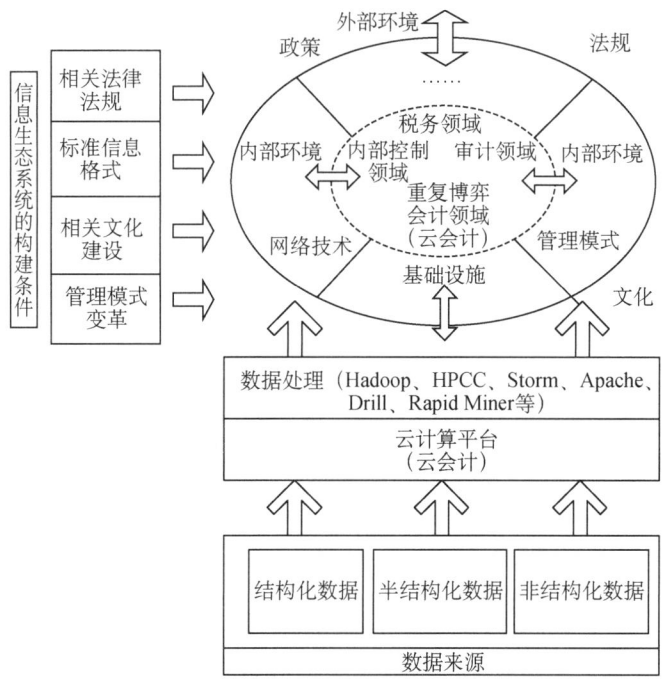

图 5-3 基于云会计和云审计平台的信息生态系统图

态系统的建立和运行需要从技术层面上对既有会计信息标准不断改进完善,并在企业和第三方机构等各类信息主体中深入推行。

(3) 大数据为理念的文化建设。信息生态系统的建立需要系统内各主体对大数据的充分了解与认识,形成良性的文化环境才能充分发挥信息主体的主观性学习能力,在重复博弈中利用历史数据的相关性不断自我更新,从而为生态环境提供新的信息,并促进博弈各方的信息优化,实现系统的均衡态发展。其中,文化建设主要包括大数据和信息化知识的普及应用和人才的培养,以及实际应用的互动分享和理论研究的深入。

(4) 大数据模式下的管理模式跟进。信息生态系统中的审计、会计、内部控制和税务的信息化都植根于企业或第三方等机构内部,与企业管理模式密不可分。基于信息化的管理模式适应性变革是企业或机构内信息化得以实现的前提。首先,在组织架构方面,"去中心化"带来的是"金字塔"结构向"扁平化"发展的变革。其次,在业务层面,信息化可以使决策更加高效,实现对决策流程和业务流程的优化,从而提高管理效率。最后,向战略导向的管理模式转变,从上层建筑完成对企业的信息化改造。

三、基于云会计和云审计的信息生态系统的构成要素

构成信息生态系统的要素包括信息主体、信息和信息环境。基于云会计的信息生态系统的信息主体包括个体主体和组织主体。个体主体主要指参与信息生态系统的个人,例如会计人员和审计人员等。组织主体指系统构成要素的主要参与组织,包括企业、会计师事务所和政府相关部门等。信息主要以会计信息为核心,审计信息、内部控制信息和税务信息等均是以会计信息为基础产生的衍生信息,系统内部的信息流动也主要是指会计信息和会计

衍生信息的流动。信息环境包括信息的内部环境和外部环境,内部环境主要指组织主体内部的管理环境、企业文化环境等;外部环境指技术环境、政策环境等宏观环境。

1. 信息主体

信息主体是指在信息生态系统中因为信息需求而参与到信息流动中的组织、机构或个人,可以详细分为信息的生产者、消费者和分解者。按照长尾理论,趋于个性化的需求是无穷的,然而传统的信息主体数据来源狭隘,多以结构化的数据为主,难以满足和定位个体用户的差异化需求和潜在需求。大数据、云计算技术的快速发展,云供应商可以在云端获取大量数据,也包括非结构化和半结构化的数据,使其对用户定位更加精准,并能够推出低成本的按需定制服务,使市场细分更加精确,充分发掘用户的个性化需求甚至潜在需求。云端数据的另一个特点是实时动态,云供应商可以针对用户需求的变化及时做出调整,实现服务的可拓展性和用户数据的实时更新,通过对用户实时需求追踪达到对信息主体需求的动态掌控。

2. 信息

基于云会计的信息生态系统中的信息主要以会计信息为主,信息资源主要来自信息主体和内外部环境产生的结构化、半结构化和非结构化的数据,不再局限于传统的数据库内结构化数据,还包括邮件、报表、音频和视频等半结构化、非结构化数据,包括企业内管理活动产生的各种信息、工商部门等相关机构出台的政策法规以及事务所产生的各类报告等。通过云会计平台为基础设施对数据清洗和提取,借助大数据处理技术和方法,例如 Hadoop、Drilland Rapid Miner 等,实现对获取数据的规范化处理,并通过多维数据分析与数据挖掘技术等提取组织所需的各类信息。

3. 信息环境

信息生态系统包括内部环境和外部环境,系统不同的组织内还有各自的子循环环境,多样化的信息环境构成了信息系统的复杂性和动态化。信息技术对系统环境构成起到支撑作用,云计算、大数据技术的发展与应用,带来了云会计的产生和会计信息质量、形式等多方面的变化,为各领域的信息共享和集成提供了可能。同时,环境与信息主体之间产生的相互作用,也推动着信息生态的发展和演化,例如管理模式和信息系统的变革引起的信息系统审计的建立,企业内部控制审计报告的强制披露政策又推动内部控制信息化的发展等。外部环境的变化,例如"互联网+"等概念的提出在对信息生态固有的系统产生碰撞的基础上,也推动信息生态系统的信息主体不断完善和适应性发展。系统内组织间可以通过不断的重复博弈,包括与环境的,也包括和其他主体的,吸收前沿信息,巩固加强自身的生态位势,通过主体间的协同创新,获取收益增量的乘法累积。

第四节　云审计平台的风险及其应对

数据安全性是互联网时代首要考虑的问题。数据安全包括数据本身存储的安全以及向第三方泄露的可能性。一旦将"私有云"数据传送到"公共云",就有可能使数据脱离审计人员的掌控,发生数据泄漏的可能性就会加大,并会带来一系列的审计风险与法律责任。云审计平台主要存在以下几方面的问题。

1. 数据存储与审查权限性问题

云审计在技术上依托于网络设备,无论是储存审计机构自己的数据还是被审计单位的数据,保密性和数据安全性问题都是首要考虑的问题。在没有查阅权限限制或者限制不足的情况下,传送至云端的相关数据可能会脱离审计人员的掌控,致使安全隐患的产生,使得数据安全性降低。非法入侵、越权操作或是存储介质故障等都直接威胁到云审计数据安全。

针对数据安全与保密问题,通常选择与服务器供应商进行沟通洽谈的方式来规避风险。洽谈内容主要围绕供应商的自身权限与运行维护等方面的承诺,更多的是技术上的指导与权限的转移。就如同家用防盗门通常会有两种钥匙,B 钥匙使用则会导致 A 钥匙失效。

2. 云审计实施接口问题

实现传统审计与云审计顺利接口对于审计人员和被审计单位都是一次大的转变。因此,如何让审计人员更快地熟悉云审计以及如何让被审计单位理解这一转变是云审计平台建设必须解决的。审计机构与被审计单位的沟通是为了确保被审计单位清楚地了解审计机构将如何实现这一转变,以及为了成功地实现转变需要得到怎样的帮助。最重要的是,要让被审计单位了解这个转变对于他们有什么好处,以及审计机构是在尽最大可能选择了最佳的应用,以保证更好地完成审计监督。为此可以先找一些审计风险水平较低的被审计单位作为云审计的前期试验对象,以了解云审计的工作性能。这就可以在不损害被审计单位利益的同时让审计人员先熟悉云审计的审计过程、审计责任及要注意的问题。

3. 强迫审计公开问题

审计公开一直是被研究者广泛争论的问题,审计人员与被审计对象存储在云内的信息只要涉嫌民事或者刑事诉讼,很大可能会被要求强迫公开。但是一些敏感信息的存在会影响到被审计人,从而不愿公开其数据,这会违背建设云审计平台的初衷。

从注册会计师针对上市公司的财务报表合法、公允进行审计来看,目前更多的上市公司为了使得股票价值得以体现,为公司争取更多的股民,更加乐于接受信息公开。只要被审计对象可以了解并理解云审计平台的作用并接受,审计单位与被审计方的双赢最终是会实现的。

4. 网络宽带与运营费用问题

云审计依托于云计算,而云计算依托于网络建设。被审计单位数据与审计人员数据的传输都依赖于网络进行上传下载,带宽就会在很大程度上影响到审计的效率,频繁的数据存取及海量的信息交换都会影响网络的通畅和数据传递的及时性。因此,网络宽带的负载能力以及运营费用是制约云审计的一大瓶颈。带宽问题解决的困难在于审计的成本。建立云审计平台是一个长期的、深远的项目,资金的投入直接决定了云审计平台的效率,带宽可以由网络运营商负责保证。虽然国内的网络运营商垄断现象严重,但是从目前情况来看,电信的市场已被移动和联通以低价抢占了一部分,未来出现寡头的可能性相对很大。在寡头市场上,寻求相对的合理价格、平稳带宽是可以实现的。

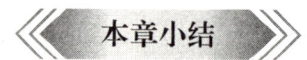

本章主要介绍了云审计这一大数据浪潮下的新型审计模式。介绍了电子数据审计以及

在此基础上结合了云计算技术的云审计平台。基于云审计平台,本章又拓展介绍了其信息生态系统。同时,对于云审计所潜藏的风险,本章也进行了描述。

习题五

1. 简述大数据时代的海量数据对于审计各方面的影响。

2. 分别概括电子数据审计和云审计的实施步骤,并解释为何云审计能够契合当今的大数据审计。

3. 基于云审计和云会计平台的信息生态系统有哪些组成要素?请一一列举。

4. 云审计平台的风险有哪些?并根据其中一个问题提出自己的解决思路。

第六章 大数据影响下的财务共享

学习目标

了解大数据影响下的财务共享的含义。了解财务共享中心的作用,以及运作模式。了解财务共享中心所存在的问题和对策。

第一节 财务共享的内涵及发展

一、财务共享的起源与发展

19世纪中后期,随着科技革命推动生产力进步,国内市场竞争愈加激烈,以及规模经济等因素,西方发达国家涌现出一批跨国经营的企业集团。这些跨国企业集团以其雄厚的资本,先进的技术和完善的创新机制在推动国家经济发展方面发挥了重要的作用。到了20世纪80年代,由于发达国家经济增长放缓,而发展中国家和地区新兴市场经济增长强劲,跨国企业集团纷纷通过直接投资,在这些地区建立分支机构,拓展全球业务,并着力推进本地化。这时,一些嗅觉敏锐的跨国企业集团领导人开始意识到只有那些能以最小单位成本提供业务支持的企业,才是市场上的赢家。于是,诸如怎样才能降低创建成本,怎样保障集团总部与下属分子公司战略目标协同一致等至关重要的问题被提上议程。

在这样的背景下,共享服务管理模式应运而生。共享服务是一种将一部分现有的经营职能集中到一个新的半自主的业务单元的合作战略,这个业务单元就像在公开市场展开竞争的企业一样,设有专门的管理机构,目的是提高效率、创造价值、节约成本以及提高对内部客户的服务质量。共享服务管理模式不仅较好地解决了上述问题,而且为跨国企业集团带来了巨大的经济效益。到2003年,超过50%的财富500强公司已经设立了共享服务中心,如杜邦(DuPont)的全球咨询服务部(Global Services Business,GSB)和通用电气(General Electric,GE)的财务服务中心(Financial Services Operation,FSO)等。

共享服务的业务从财务和会计职能发展到人力资源、采购、信息系统,以及法律、投资、研究与开发等业务。共享服务最基本的作用在于降低成本。德勤(Deloitte)咨询和国际数据公司通过对50家财富500强企业的调查表明,共享服务项目的投资回报率平均为27%,员工人数可以减少26%。除了节约成本以外,共享服务还具有使企业集团取得优化资源配置、提高系统效率、提高客户满意度以及强化核心能力等优势。此外,企业通过共享服务可以增加其敏捷性与灵活性。共享服务的上述作用使其在跨国公司的实践中得到了迅速发展。

近年来,共享服务的管理思想迅速传入我国。由于我国企业已进入"向管理要效益"的时代,财务管理模式创新以及与信息技术的融合是企业发展的必然趋势。2014 年财政部发布《关于全面推进管理会计体系建设的指导意见》(财会〔2014〕327 号),明确提出:"鼓励大型企业和企业集团充分利用专业化分工和信息技术优势,建立财务共享服务中心,加快会计职能从重核算到重管理决策的拓展。"

随着财务共享服务的不断发展与演化,财务共享服务中心(Financial Shared Service Center,FSSC)作为一种新的会计和报告业务管理方式开始在各个大型跨国公司中流行起来。它的是将不同国家、地点的实体的会计业务拿到一个共享服务中心来记账和报告,这样做的好处是保证了会计记录和报告的规范、结构统一,而且由于不需要在每个公司和办事处都设会计,节省了系统和人工成本。

财务共享服务中心是企业集中式管理模式在财务管理上的最新应用,其目的在于通过一种有效的运作模式来解决大型集团公司财务职能建设中的重复投入和效率低下的弊端"财务共享服务"。最初源于一个很简单的想法:将集团内各分公司的某些事务性的功能(如会计账务处理、员工工资福利处理等)集中处理,以达到规模效应,降低运作成本。目前,众多财富 500 强公司都已引入、建立"共享服务"运作模式。根据埃森哲公司在欧洲的调查,30 多家在欧洲建立"财务共享服务中心"的跨国公司平均降低了 30% 的财务运作成本。

二、财务共享的深层含义

财务共享服务是现代信息技术和先进管理思想融合的产物,其本质是一种由信息网络技术推动的创新财务管理模式。其具体内涵包括以下几点:

(1) 信息技术为基础。信息技术的广泛应用已成为现代财务共享服务的基础,财务共享服务中心信息技术应用多为企业资源计划系统(ERP)财务模块,但呈现 ERP 财务模块→ERP 非财务模块→ERP 外围辅助业务系统的转移趋势。同时工作流、票据影像、光学字符识别(Optical Character Recognition,OCR)识别等信息技术工具得到广泛应用。

(2) 业务流程为核心。财务共享服务中心的组织形式更多地考虑到流程的因素,基于流程加强专业化分工能力,改进生产效率。

(3) 多样化的实施动机。内部服务型财务共享服务中心的建立可能成为优化整个财务组织架构的契机,并在此基础上达到规范流程,提升流程效率,降低运营成本的目的,此外企业借助财务共享服务加强内部控制的行为也较为常见。服务经营型财务共享服务中心以业务流程外包服务为主导,以获取利润为主要目的。行业呈现多样化实施动机。

(4) 市场化的视角。无论内部服务或者服务经营型财务共享服务中心,均应保持市场化的视角,在此内涵下,财务共享服务中心应重视客户,为客户提供满意服务,并在服务过程中体现其其他运营动机。

(5) 生产式服务。视财务服务为生产运营,关注生产效率及生产质量,建立完善的现场绩效评估体系及生产质量控制体系。

(6) 分布式服务。视财务共享服务中心为服务端,商业单元为客户端,提供基于客户或服务模式的分布式业务支持。

(7) 财务共享服务是一种管理模式,是包括信息技术、组织管理、服务管理、质量管理、绩效管理等多种管理手段的综合体,不可狭义理解为其中一种。

三、财务共享的影响

财务共享的优势在于,一方面,财务共享服务有助于高效推动管理会计的发展。财务共享服务通过IT技术集中高效提供标准化、制度化、流程化的财务基础服务,使得企业财务人员结构得以优化,释放出更多人力关注更加高端的问题。另一方面,财务共享有助于推进会计信息化建设。

1. 财务业务一体化

共享服务中心的建立提升了企业集团财务管理能力,而新兴的财务组织——业务财务也随之出现。业务财务顾名思义体现了财务和业务单位的有机结合。业务财务在不同企业中归属有所不同。一些企业将其归属于业务单位进行管理,绩效考核由其所负责的业务单位进行,这在一定程度上加强了财务对业务的支持力度,但同时带来的问题是财务体系对此类人员的失控,无法形成与业务财务人员的良性互动。还有一些企业将其办公场所和业务单位放在一起,但人员仍归属于财务部门管理,绩效管理和薪资发放也归属财务部门管理,但业务单位对其绩效具有评价和建议的权力。基于这种模式的财务业务组织能够达到业务单位和财务单位之间的平衡,既保证了财务对业务的支持,也强化了人员的管理。

2. 财务人员逐渐分化

财务共享服务将很多基本财务职能集中到共享中心后,由于基础业务被共享中心所替代,先前的人员编制得以释放,财务人员开始从烦琐的基础业务中解脱出来,并向业务财务及财务管理决策转型。传统的财务人员被分化成为高端财务决策人员、业务财务人员和共享中心(SSC)财务业务人员。高端财务管理决策人员负责宏观业务。与业务财务的接口工作是将其收集整理的财务数据进行进一步的挖掘分析并做出决策等。为此,这类财务人员不仅需要具体业务知识,更要具备综合管理知识。业务财务人员必须对业务具有敏感性,如对其所负责的产品或价值链环节有深入的了解。此外,这些人员需要掌握包括财务核算、预算、绩效考核、营销管理、对外贸易、融资、风险管理、金融等多方面的综合知识。

四、企业财务共享的策略

财务共享服务模式通过提高财务运作效率和客户满意度,优化、细化财务流程,实时监控子公司的财务状况和经营成果,最终推进企业集团发展战略的实施,因此,财务共享服务模式已成为跨国企业集团实施全球化扩张战略的必然选择。然而当一家企业在选择运用这种新型的财务管理模式时,除了要考虑企业文化与技术支持方面的基本问题外,还要思考以下问题:财务共享服务的收费该如何定价;如何在减少成本与提高服务水平间找到均衡;企业内部如何形成一种面向不同部门的服务文化;不同业务单元或事业部门是否可以被视为不同的细分顾客;实行共享服务后,现有的部门绩效评价方式该如何改进等。结合以上问题,笔者在此提出构建财务共享服务模式的策略。

1. 实行财务管理制度的标准化

财务管理制度的创新主要体现在整个集团财务管理制度的标准化,这也是财务共享服务模式构建的基础。首先,在集团层面制定标准业务规范,并以经过评审的标准业务规范作为实施财务共享服务的基础。其次,通过集中培训的方式使各地的财务组织全面掌握新的标准,为正式施行打下基础。再次,持续的监督执行是最终完成标准化的保障。

2. 从分散式管理模式向集中管理模式的转变

财务共享服务是一种典型的集中式组织模式，它通过将服务端（共享服务中心）和客户端（企业集团成员单位）分离的方式，重新定位集团和基层业务及分（子）公司之间的业务界面和业务关系，并将从事标准化财务工作的财务人员从成员单位分离出来，归属到财务共享服务中，以实现财务人员的集中化。集中式组织模式能够实现资源的有效共享，一个服务端向多个客户端提供服务，客户端能够共享服务端资源。此外，通过服务端进行服务的封装获得一个或者多个数据块并把它们集合成一个简单对象能够使财务的服务界面简单化。这样使原来基于整个集团按照成员单位进行的财务部门构建就转变为基于业务类型的财务部门构建，并将基于业务类型的财务部门剥离出来，集中归属到财务共享服务中心。

3. 再造财务流程，实现财务共享服务中心的业务和数据整合

实施财务共享服务时的流程再造应遵循六个原则，即：财务数据业务化；数据全程共享；财务流程标准化；财务流程模块化；集成财务信息系统；将基础业务与财务分析分离。例如国泰君安总部通过创建财务共享服务中心将各个营业部的财务权限上收，取消原各个营业部的财务部门，在区域管理总部设置派出机构，统一处理审查、记账、支付、监督、报表及核对等基础性会计作业。作为财务共享服务中新的前台，各派出机构统一处理业务提高了财务数据传递的及时性和准确性，使得位于总部的财务共享服务中心的后台可以将更多的精力集中在财务分析和报告上，为制定财务政策、编制预算提供更多的依据。

4. 借助信息技术实现财务共享服务中心整体能力和效率的提升

财务共享服务中心最重要的作用在于它建立了一个 IT 平台，将一切财务共享服务中心制定的一切财务制度都固化在统一的数据库中，包括财务作业流程等都在信息系统中进行统一设定，成员单位不得随意修改，从而保证总部的战略得到有效贯彻和落实。中兴通讯的实践表明以网上报销模块、票据实物流、票据影像模块、过程绩效测评模块和综合管理模块为核心的共享服务系统平台为财务共享服务的实施奠定了较强大的信息系统基础。国泰君安采取集中方式部署系统，即总部设立 Web 服务器、应用服务器和数据服务器，通过交换机与外网连接；23 个区域管理总部和 5 个分公司通过网络登录到总服务器，110 多个营业部的员工直接通过网络提交费用报销申请等。

5. 完善财务体系，形成基于共享服务的管理决策思想

在财务共享服务得到成功实施后，企业还需要构建一套包括营销财务、产品财务、研发财务、海外财务、子公司财务在内的完整的财务体系。借助这套财务体系，集团的各项战略和财务管理需求就可直接传递至业务单位的核心决策层。

第二节 财务共享中心的建立和运作

大数据开启了一次重大的时代转型，同时使企业财务管理面临着环境变迁带来的机遇和挑战。传统的财务职能主要体现在财务核算、资金结算、税务管理、报表编制等基础性会计工作中，即财务会计职能，对企业的作用主要体现在价值保持方面。大数据时代，大数据提供的数据基础成为新发明和新服务的源泉；人们运用大数据挖掘工具能够获得和使用全面、完整、系统的数据，得到过去无法企及的商机。面对激烈的竞争环境，企业需要财务部门

提供更多关于公司运营、预算管理、业绩分析、风险管控等方面的决策支持,实现财务职能由财务会计职能向管理会计职能转变;在做好价值保持的同时实现价值创造,提升财务工作的价值空间。

云计算、大数据挖掘、图文转换、模式识别、移动互联等新一轮的信息技术为财务职能转型提供了技术支持;财务共享服务中心为企业集团财务职能的转型提供了实践模式;大数据时代的开启为财务职能做好价值保持的同时实现价值创造提供了条件,同时也提出了挑战。财务共享中心作为一种新的会计和报告业务管理方式,是大数据背景下企业集中式管理模式在财务管理上的最新应用。

一、财务共享中心的建立条件和基础

1. 企业必须达到一定规模,分支机构众多,业务拓展迅速

企业做大做强的过程中,必然会产生规模的扩大,这种规模的扩大表现为在国内乃至世界各地建立分子公司。在建立分子公司的同时,企业需要投入更多的管理资源,也需要建立相应的财务组织负责分子公司的财务核算和报销制度,但这种财务组织往往十分分散,需要从事基础性财务工作的人员会逐渐增多,重复性的人力、基础设施投入十分严重,相应的财务管理成本也会大大增加。分散的财务组织会形成分散的财务信息孤岛,财务与战略、财务与业务的协同不够,一定程度上更会影响到集团公司的运营效率提升。为此,多数企业希望借助财务共享平台进行业务集中的会计处理,通过数字化、影像化的票据处理系统提高后台处理效率、提升产能,控制财务人员数量,形成结构性成本下降,建立成本竞争优势。

2. 企业对于风险管理的要求较高,追求流程的科学化、标准化及制度规则的强力执行

集团公司规模扩大的同时,分散的财务组织会使集团下属各分子公司单独进行会计核算、风险管控,各自为战造成的后果是财务工作质量和管理水平参差不齐,标准不统一,缺乏有效的风险控制手段,集团总部财务信息的及时性、准确性、可比性难以得到有效的保障。集团企业希望借助建立规则统一、流程统一的财务共享服务平台,集中进行审核与监督,随时获得最直接的财务数据和信息,这有利于规范会计处理行为,强化事中、事后的管理控制,提高业务的执行力。当分子公司财务人员的职责调整后,他们可以更多地参与到业务活动之中,对业务需求的信息决策形成支撑,同时有利于提升业务对会计规则的遵从度,从侧面强化事前控制。

3. 管理层重视和支持是财务共享中心的保障

对于企业而言,建立财务共享中心是一场大的组织与管理模式的变革,它不仅需要技术、人力、财务方面的支撑,更需要得到高层管理者心理上的重视和行动上的支持。财务共享服务涉及多个部门、多个业务、多个区域,财务共享中心的建设,涉及会计核算的集中处理、减少基础作业人员数量、进行权力的重新划分和原有规则的调整,不可回避地会触及一部分人的利益格局,也难免会遇到工作的阻力和抵触。当各种意见尤其是业务部门的意见反馈回来的时候,高层管理者可能会出于短视而犹豫不决,一旦这种阻力占据上风,财务共享中心的建设项目就可能破产。

因此,各个层级的管理者必须对财务共享服务所能带来的优势、劣势及与战略目标和现阶段管理现状的拟合程度达成共识,对财务共享服务做出长远规划,妥善处理由于实现财务共享服务所带来的冲突、问题,加强培训与沟通。从已经建设完成的财务共享中心经验来

看,管理层的重视和支持是财务共享建设顺利实现的重要保障,高层管理者对此必须做好心理上和行动上的准备。

4. 复合型人才是财务共享未来发展的核心动力

财务共享中心在初期运营过程中,能够凸显其成本降低和加强集团管控的优势,但"少量管理人员,大量基础作业人员"的金字塔式人员结构很快使得其面临人力资源管理的困境。如果不能摆脱财务共享中心"会计加工厂"的印象,不能够给共享中心的管理者明确指出其未来的职业发展通道,不能打通财务共享中心与集团财务人员、地方业务财务人员之间的沟通、协调、晋升障碍,财务共享中心将面临人才流失和无法发挥其数据共享与决策服务支持功能,最终导致各行其是,难以发挥财务管理人员的合力。

事实上,财务共享中心建成后,随着自身的发展和业务范围的扩大,对财务共享中心从业管理者素质的需求越来越高,这也是财务共享未来发展的核心动力。从优秀财务共享中心的案例来看,大多数集团财务、地方业务财务人员来自共享服务中心。他们除了需要熟悉企业和共享中心业务的操作与需求,系统掌握财务管理知识、会计核算知识、会计信息系统知识之外,还具备了良好的逻辑分析能力、文字处理能力、协调沟通能力、心理承受力和丰富的项目管理经验,能够有效地整合、调动中心内部资源,推动、运营、优化项目的规划与立项。财务共享中心未来的发展依靠具有知识复合、能力复合、思维复合等能在多方面、多领域发挥效能的复合型人才。

二、财务共享中心的运作模式

"财务共享服务"模式具体运作通常为:公司选址建立"财务共享服务中心",通过"共享服务中心"向其众多的子公司(跨国家、跨事业部)提供统一的服务,并按一定的方式计费,收取服务费用,各子公司因此不再设立和"财务共享服务中心"相同功能的部门。最典型的服务是财务方面账务处理的服务,称为"共享会计服务",是一种以事务性处理功能为主的服务。还有一类"共享服务"以提供高价值的专业建议为服务内容,如税务、法律事务、资金管理等。从原理上来看,财务共享服务中心是通过在一个或多个地点对人员、技术和流程的有效整合,实现公司内各流程标准化和精简化的一种创新手段。通常在财务共享服务中心的业务按循环可以分为总账、应付账款、应收账款和其他四大类。

下面以财务共享服务中心的应付账款业务循环为例来介绍财务共享服务中心的运作流程。

在财务共享服务中心内,应付账款循环一般设有三种职位:出纳,负责共享服务中心所有本外币付款;员工报销专员,审核负责所有员工日常费用;供应商付款会计。在财务共享服务中心的应收账款循环通常可以分为申报、审批及入账和付款三大块。

(1) 申报。各分公司员工将实际业务中发生形成的业务票据进行初步整理,并在分公司通过全公司财务信息管理系统中填报并形成一份独立的报销申请单,在由该分公司的相关负责人批复后由专门管理部门收集并寄往财务共享服务中心。

(2) 审批及入账。财务共享服务中心在收到分公司单据后,由专门管理部门进行登记和分类并根据分类情况发送到相应部门。应付账款小组在收到凭证后进行逐一确认并在公司的财务系统中进行审核。审核通过后生成文档导入财务模块,自动生成相关凭证;如果审核不通过,应付账款小组人员用电子邮件或电话形式通知分公司相应人员进行联系沟通以确认信息的准确性和完整性。在确认完信息后,如果在应付账款小组人员可直接修改情况下应该要求分公司员工发送一份书面修改请求。对于不能够由应付账款小组直接修改的情况,应付账款小组将会在公司财务信息系统中将报告驳回并要求相关人员对报销进行重新批复。

(3)付款。在生成凭证后应付账款小组进行付款,并对相关凭证进行归档。对于公司参股控股的独立法人的凭证将寄回原法人单位。

又比如,以某国内大型公司的采购流程为例。某公司的采购专员将采购计划提交至所属单位的采购部门;再由采购部门根据已规定的程序和管理办法进行采购活动——与供应商洽谈、采购,材料收到后由仓库管理员填制入库单;接着由项目部的相关人员将经部门经理、单位负责人审批后的相关采购单据交至财务共享中心。

财务共享中心根据提交过来的单据审核采购信息;根据会计处理经验核实此次采购活动是否合理;根据采购活动上的签章,确定采购活动是否按照流程进行处理;根据各项目部提交的采购信息汇总及采购发票,分析此次采购活动的价格金额是否准确;根据仓库管理员的入库单,确认采购材料是否及时、准确入库。信息核实后,由材料核算岗生成记账凭证,登入供应商往来账款。经过再次审核后,凭证交由会计主管整理归档。

材料核算岗人员发现采购活动或记账金额不合理时,会及时与成员单位联系,询问不合理原因。对于解释不合理的事项,财务共享中心有权退回相关单据并要求成员单位修改处理。

在采购合同约定的付款日期到期前,成员单位业务经办人员负责编制好付款申请单,在完成系统内业务审批及财务审批后传递至财务共享中心。专业岗人员将付款申请单与系统中的采购订单、入库信息和供应商发票进行核对无误后,在系统中编制付款凭证并提交会计主管复核。在完成对付款凭证及相关单证的复核后,会计主管在系统中批准付款凭证,再由资金结算岗进行业务支付。专业岗人员根据业务单据和付款凭证进行业务处理,生成凭证,系统自动入账。

财务共享中心的员工需要进行定期回访——到项目部去了解相关情况,以避免财务共享中心与项目部现场生产经营活动脱节,通过加强沟通,及时了解和处理相关问题。

其具体流程图如图6-1所示。

三、财务共享中心的优势

财务共享中心作为大数据时代的新型财务共享尝试,在诸多领域中都体现出了其独有的优势。

1. 财务共享中心降低企业成本

财务工作具有的特殊性,其部分岗位必须分离,由不同的人担任。如网银付款流程,通常由一人负责导人数据,一人负责核对,一人负责审批。也就是说,一家再小的子公司,必须有三人介入一个简单的网银付款流程。而财务共享中心的建立,这三个人依旧保持自己在网银付款中的职责,但可以负责五家或更多的子公司。从而通过员工熟练度提升达到提高效率,降低成本的目的。同时,通过对业务流程、规则进行标准化和优化,可以消除重复高、非增值的作业,提高效率,间接降低成本。业务标准化和简化,对从业人员的学历技能等要求也会有所降低,很大程度上降低了运作成本。

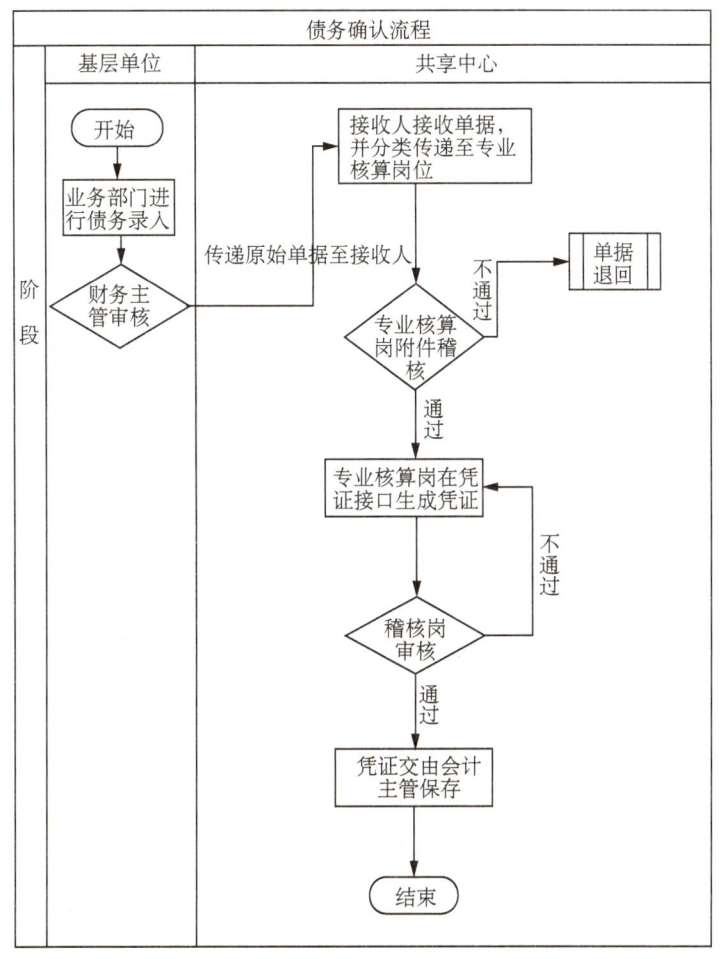

图6-1 财务共享中心的债务确认流程图

另一项成本的节约来自特定区域的成本优势,即欠发达地区的用工成本、办公成本等跟发达地区相比具有显著优势。例如在欧美国家雇用一个普通会计人员至少需 3 000 美元,而在中国,1 000 美元就可以雇到一个各方面条件都不错的会计人员。至于在东南亚或非洲,成本则更低。同样在中国,北京和秦皇岛的成本就差很多。所以中国企业完全可以把部分财务功能转移到中国的二三线城市,有条件的可以考虑设在国外低成本区域。

2. 财务共享中心带来竞争力的提升

在财务共享中心,很自然地就会产生财务各子模块的专家。如上面例子,三个人要负责数个子公司的网银付款,则会涉及不同国家和不同银行的网银系统。相比较只负责一家公司网银的那三个人,财务共享中心的员工自然拥有更强的竞争力。由于有这些财务各子模块的专家,而使得财务共享中心也更具有竞争力。

财务共享中心带来的另外一个好处是管理聚焦。仍以网银付款作为例子,原架构下三人介入一个简单的网银付款流程,势必他们还将介入其他的工作,由此会造成杂而不精。而在财务共享中心的模式下,三个人要负责数个子公司的网银付款,其日常工作就是专注于网银付款,从而更能深入到工作的核心本质,以期达到我们经常谈及的管理层面上的流程再造。

由于财务共享中心是个单独核算的利润中心,出自对本身经营利润要求,财务中心会专注于流程再造以改进工作效率。以付款流程为例,70%的付款障碍来自采购流程,例如采购预算与实际采购的差异,采购认可的价格与实收发票的差异,以及付款条件与采购合同的差异。财务共享中心为了以投入较少的人工作更多的付款业务,势必全力关注于采购与付款循环的整体流程的效率。即通过关注流程最后一步,改造造成这一问题的前期流程。

第三节 企业实现财务共享的影响因素

财务共享服务中心是在信息技术支持下,财务组织深度变革基础上的管理模式创新,在中国证券、保险、银行、电信等大型服务行业具有广阔的应用前景(张兴彦,2007)。财务共享中心的本质是流程的共享,它的实施过程必须满足流程再造的理论(Lusk,1999)。目前为止,国内外专家学者对于影响财务共享的因素都有所研究,但是对于实现企业财务共享的影响因素方面的专门研究一直没有一个定论。国内外学者对于集团企业实现财务共享中心的影响因素的理论研究成果包括:Janssen and Joha(2008)分析认为财务共性中心实施的关键因素在于要有严密的执行计划,业务活动的创新,标准化的流程,信息系统的健全以及有关股东方面的管理变革。周昌志(2010)通过中国人寿保险集团的案例进行分析提出管理变化,流程标准化,转移阶段过渡过程都将成为企业实施财务共享的影响因素同时也是需要注意的方面。陈小鹏,李彦庆(2015)认为应该有针对性的对财务共享中心的员工进行评价和激励,以此更好地促进企业财务共享中心的运行并带动企业的良性发展。《中国总会计师》(2016)提出财务共享服务中心建设要符合企业实际情况,财务共享中心的有效运行需要强大的信息系统、管理模式和员工素质作为基本支撑。

通过上述国内外专家学者对于影响财务共享中心的因素研究分析以及财务共享中心的搭建过程来看,我们认为在大数据时代下对于企业实现财务共享的影响因素归结为四个方面,分别是:战略规划、组织管理、流程管理、信息系统。从这四个方面与财务共享中心之间互相形成了影响关系,而且这四方面自身相互之间也有所联系和影响,至此一共形成7条影响路径。而这7条影响路径的具体关系为战略规划影响财务共享中心,组织管理影响财务共享中心,流程管理影响财务共享中心,信息系统影响财务共享中心,战略规划影响组织管理,组织管理影响流程管理,信息系统影响流程管理。进一步地,我们分析认为,构成战略规划的因素为实力评估和目标制定;构成组织管理的因素为组织结构、人员管理和绩效考核;构成流程管理的因素为流程优化和流程再造;构成信息系统的因素为技术支持和基础设施。

第四节 企业财务共享中心存在的问题及对策

一、财务共享中心存在的问题

财务共享中心并非我们想象中的那样完美,从我国一些大型企业的财务共享中心案例来看,其在建设与运营过程中还存在很多缺陷。

1. 成本不降反升

建设财务共享中心的优势之一是节约人力资源成本,但事实上,我国大多数企业集团的总部均设在上海、广州、北京、深圳等一线城市,共享服务中心又大多依托于总部设置在这些城市,人工成本很高。从已经建设财务共享的企业来看,大多数企业害怕变革带来管理和人员的不稳定,影响业务增长的水平,尤其是国有企业,出于平稳过渡和社会责任的原因,一般不会进行大幅度的裁员或者转岗,而会采用多种方式组建财务共享中心的人员队伍。总的来看,要么从分子公司借调上来,要么重新招聘,其结果是人力资源成本不降反升,甚至比原来还多出很多人。

此外,财务共享中心的建设对于 ERP 系统高度依赖,这决定了财务共享中心的建设必须在 ERP 解决方案实施后才能进行下一步,而企业 ERP 变革方案的解决需要投入大量的时间和成本,还要指派专人来负责设计财务共享中心的信息管理模式、系统更新替代方案的选择,又给企业带来严重成本负担。

2. 带来较大税务风险

财务共享集中了基础会计作业人员后,地方不再设置基础会计人员,但问题也随之而来。由于会计核算人员不再直接与子公司、分支机构地方税务机关打交道,会对税务政策变化所带来的风险反应迟钝,沟通不足。这可能使得原本享受的税收优惠申请难度增加,加大企业机会成本。

3. 财务共享中心带来人力资源管理问题

从目前的案例来看,财务共享中心一般会设置在集团财务部门领导之下,成为下属机构,组织级别设置很低。加之,人们往往认为财务共享服务就是低成本、低素质的象征,很快会沦为弱势群体。一旦职业发展通道没有打通,流程化的作业会让许多员工感觉没有任何职业发展,降低工作积极性,最终造成财务共享中心离职率增加。此外,财务共享中心标准化的作业流程和不适当的作业导向激励措施很容易导致员工不思进取,使共享服务本身的优势由于人员素质不高难以得到充分发挥,增值服务功能的拓展受限。

4. 造成集团总部官僚作风严重

很多企业集团的财务共享中心依托集团总部进行设置,当大量财务人员集中在脱离业务平台的管理上时,部分共享服务的企业表现出了"共享"而不服务的突出问题。其表现就是官僚作风严重,效率低下,违背了财务服务于业务的初衷。

由上可见,尽管建设财务共享中心是一种趋势或者潮流,但财务共享中心建设本身必须遵循一定的规律,具有一定的适用范围,而不是每个企业都必须实施的一种变革。选择是否建设财务共享中心更多的是企业自身需要思考的一种财务管理变革。需要企业结合自身的发展战略、行业特征、业务规模、控制环境、企业所处生命周期等多种因素评估实施的可行性。

二、问题对策

针对上述问题,企业应该给予足够重视,并采取相应举措,例如:

1. 强化顶层设计和平台建设

财务共享服务中心是对传统财务模式的改革,它涉及对财务职责及财务岗位的重要调整,大部分财务人员可能已经不再主要关注财务底层,而是关注财务顶层设计,开始设计企业的战略目标等。因此互联网背景下共享服务中心要求集团企业财务做好战略部署,下属成员企业要积极参与财务共享中心的顶层设计,严格按照中心计划进度完成。此外,互联网背景下财务共享需要建立强大的数据平台作为支撑,例如缓存处理、分布式、大数据、云培训来增强单位财务管理人员对新的从财务管理理念以及方法等内容的学习,以此来达到改善行政事业单位财务管理环境的目的。

2. 增强财务共享中心服务职能

许多企业在推行财务共享中心时都会遇到一系列的阻力,而阻力的化解必须依赖于财务共享中心建设带来的切实效益。2014年共享服务中心与外包国际社团(SSON)会议上,可口可乐分享了财务共享中心的建立经历,提出"造势—利益—沟通":造势,通过高层领导的宣传学习活动,成员单位得以了解建立财务共享中心是集团未来管理的大势所趋;利益,要为成员单位提供优质服务,成为成员单位发展的一大助力,财务共享中心才能稳健成长;沟通,财务共享中心和成员单位本是两个相互独立、分离的机构,作为后台处理的财务共享中心难免出现和成员单位信息不对称问题,这时就需要共享中心人员更积极主动地与成员单位工作人员进行沟通交流。

在这三个环节中,最重要的还是第二个环节——"利益"。当财务共享中心的服务未能达到预期时,"非暴力不合作"就有可能产生。针对现阶段员工反映会计业务处理慢的问题,业内专家直接提出"效率问题无论是谁的问题,都是财务共享中心的责任"。财务共享中心虽然是一个相对独立的机构,但是它是在许多成员单位的支撑下才得以形成、发展的。如果二者不能相互配合,财务共享中心的工作就很难顺利开展。所以,共享中心应多与成员单位换位思考、勤于沟通,方便成员单位的会计处理,同时结合自身集成优势,多为成员单位提供高价值服务。

比方说,可以考虑开发移动客户端的功能。从一些企业的财务共享中心案例中发现,单一的PC终端处理极大地限制了业务处理速度,员工需在PC终端上提交业务申请,查看业务处理进度,领导的业务审批也需在PC终端上完成。如果领导出差,审批活动拖延时间将会更久,那么会造成成员单位员工对财务共享中心业务处理时间的不满。而移动客户端的产生可以让员工的业务申请、查询"24小时化",让领导审批随时随地,以便财务共享中心全天候更好地为成员单位提供服务。

3. 改进会计业务流程

一些企业为了方便财务共享中心后台处理,需将会计流程进行局部改进和分工,从而达到会计流程的标准化和明晰化。现有会计流程再造时,基本保留了传统会计处理流程的审核环节,造成审核节点较多。比方说本章前一小节开始所描述的报账流程,就需要经过若干次审批,虽然每次审批着重点不同,但是多重审批会过多地占据审核员工的时间。毕竟审核的准确性与审核次数不是单纯的正比关系。因此,可以通过流程节点整合,减少信息来回传递次数,从而优化系统流程设置,减少审批环节,提高工作效率,将更多的共享中心人员解放出来。

4. 加速企业信息化建设

要想获得更多、更全面的业务和分析信息,就必须加速信息化工程,对现有数据进行挖掘整理。例如,对于土木工程企业来说,可以根据成员单位原材料采购过程中获取的反馈信息,建立供应商档案,通过整合所有成员单位的供应商信息,筛选出最优供应商,用以把控原材料质量、控制采购费用、降低采购成本;根据成员单位工程项目进度反馈信息,编制案例集锦,从中选出优秀工程项目示范案例,向其他单位推广;对于出现的问题,也可以通过案例,找出原因,避免问题再次出现,争取实现"零事故",从而提高工程管理水平;采用专业的财务数据挖掘分析工具,抽取各层面需要的管理、分析、决策信息,助推财务共享中心向高价值服务转型。

5. 财务共享中心的拓展

财务共享中心在发展过程中可以逐步对内和对外进行拓展。

对内,深化财务职能实现纵向拓展;结合成员单位更高层次的发展需求,强化管理咨询服务、预测与预算、管理会计及报告、业务支持、税务分析、纳税申报、风险管理、筹资融资管理等业务,提高服务的技术含量;扩大共享业务范围进行横向拓展,80%的企业在建立共享中心时选择从财务共享开始,再逐步向其他共享服务发展,如人力资源共享、技术共享等。这样才能为企业的主业发展提供更优质的后台支持,降低整体运营成本。

对外,积极拓展外部客户,提高服务质量,接受外包,同时结合服务等级协议(SLA)对内外提供专业咨询建议,根据客户需求提供定制服务,降低外部客户的会计核算和财务管理成本,提高财务共享中心的增值能力,将共享中心从成本中心发展成为增值中心,实现双赢。

财务共享中心从服务深度、服务广度和服务对象三个方面逐步实现对内和对外拓展,引进高素质人才,提高自身服务水平,为客户提供更有价值的服务,向更高层级的共享模式迈进,带动局整体优质高效发展。

本章小结

本章讲述了财务共享这一概念在大数据时代的内涵与发展。介绍了财务共享中心这一时兴的概念,并概述了财务共享中心建立的基本条件,并通过一些具体的例子描述了财务共享中心的运作模式。最后,指出了现阶段财务共享中心所存在的一些问题,并给出了相应的措施。

习题六

1. 简述财务共享的含义。
2. 企业实施财务共享的基础条件是什么?请一一列举。
3. 简述财务共享中心的作用。
4. 以财务报账为例,简述财务共享中心的运作方式。

第七章 基于大数据的银行内部控制

学习目标

内部控制是银行的一项重要管理办法,是提高银行运营能力的有效手段。基于大数据的银行内部控制审计是增强银行内部控制功能的基础性平台。探索大数据审计可以对内部各项业务发展情况进行有效的分析,从而揭示了银行内部控制过程中的成效与不足,为加强银行的内部控制建设提供有效的理论借鉴。

第一节 银行内部控制现状

阿里芝麻分直接贷的产生,代表我国商业银行进入信息化竞争时代,数据为代表的信息资源大集中模式逐渐成为银行经营发展和内部控制建设的趋势。内部控制审计被各种业务信息包围着,但是审计项目的时间又十分有限,因此,如何应对大数据时代的海量信息与审计时间的矛盾成为在信息化条件下开展内部控制审计工作的一个十分实际的问题。对此,笔者进行了几点思考,提出了"基于大数据的银行内部控制审计"的工作思路,即在充分摸清银行信息系统运行特点的基础上,全面分析后台数据结构,深入开展数据分析,从浩如烟海的电子数据中寻找数据运行规律,能及时发现审计疑点和问题线索,有针对性对内部控制情况进行审计。

以银行为例,银行内部审计模式从账项基础审计、制度基础审计、财务审计到内部控制审计的演进过程后,建立起一个日趋完善的内部审计机制,同时在思想上树立了全面风险合规的理念,逐步向风险导向审计发展;但在审计方式上很多银行还停留在大批量抽查资料的模式,少部分能借助计算机数据分析开展内部控制审计,造成内部控制审计效率低、时间长、覆盖面少、针对性弱等问题。

目前,工商银行建立了全行统一的数据仓库和集团信息库两个大数据基础平台,集中在数据中心的数据已经超过 4 500 T,在 2002 年只有 18 T。在业务办理、服务客户过程中,数据在高速增长,对信息处理的要求随之提升。目前工商银行集中精力把来自各个渠道的分散数据,实行标准化、结构化的处理,同时把这些数据应用在服务、创新、风险的控制,包括提升内部各类流程的效率等。工商银行通过对数据的处理,应用于客户识别的服务。比如用户在工商银行网点,会被划分为贵宾、三星级、四星级、五星级、六星级、七星级客户,这就构成了对客户的识别。用户拨打95588客服中心,把投诉的意见反馈给座席员,当提出的问题很多,为了避免回答得不专业、答案不标准,系统会自动通过语音识别出用户问题,加上人工的辅助,通过分析把可能与用户问题有关的回答列举出来供坐席员参考,更准确地回答客户

所关心的问题。同时工商银行为贵宾级客户配备了专门的客户经理,系统会自动识别高等级的客户的来电,将电话自动导航到专属的客户经理,只要是上班时间,不管客户在任何时间、地点打来,接听的永远是同一个人,如图7-1所示。

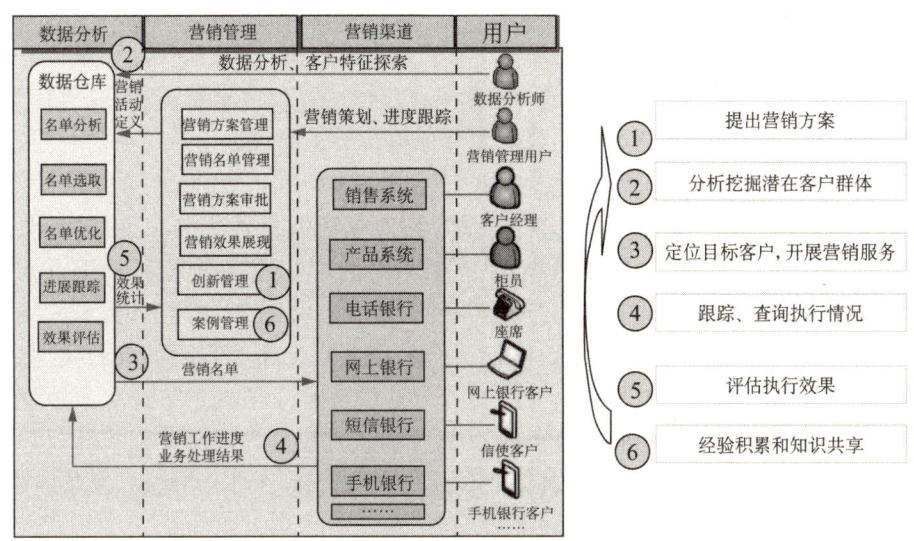

图7-1 工商银行大数据分析挖掘应用

内部控制审计的频率低,且覆盖面不够。银行的业务繁多,由于审计人员的缺失,开展内部控制审计时间间隔比较久,而且是抽查、抽查的面不广,不能覆盖整个银行,不能及时、全面反映银行内部控制存在的问题,无法从根本上了解银行内部控制的程序,不利于对银行的风险防范。

业务的创新发展,风险的多样化,对内部控制提出的更高要求。随着近些年利率市场化、存款保险制以及金融业务和金融工具的不断创新,加快了银行规模扩张,加强银行业风险多样化程度。在信息化的环境下,特别是计算机技术在银行业的广运用,会造成审计环境、审计方式等审计基本要求较大的变化,使得现有的内部控制审计模式已无法满足内部管理的要求。

第二节 基于大数据的内部控制审计方式

银行面对已经到来的大数据时代和由此带来的数据量、数据类型、数据处理方式的转变,内部控制审计的方法要向基于大数据的方式转变,基于大数据的内部控制审计的"分析"对象就是"数据",其审计方式主要体现在以下三个方面。

一、数据采集

数据是现代审计的基础,数据采集在内部控制审计方法中是占有主导性的地位,数据的完整性、可靠性、真实性关系到整个内部控制审计的质量和工作;数据的全面性、准确性、及时性关系到审计工作是否能顺利开展的必要条件。

1. 数据来源

为实现真正基于数据内部控制的审计模式,体现内部控制审计的增值性,银行审计数据的要求不断提高,要实行行内数据向多方位数据来源的转变。行内业务经营数据,包括行内各个系统的财务数据、授信数据、账户数据、交易数据、登记簿数据等,这部分数据直接通过核心、审计辅助、信贷管理等系统进行抽取,为最原始的数据;行内检查管理数据,主要指行内为管理需要自行开发的系统,如:员工行为积分、异常客户、检查整改、绩效考核等系统信息数据;行外数据,指上级部门下发的数据及其他银行提供的数据。

2. 采集方式

数据采集的方式和方法比较多,各有利弊,如何保证数据采集的完整性、可靠性、安全性,保证采集数据的效率,减少冗余数据,是数据采集的重点,主要有三种采集方式:全量数据拷贝方式,指将被审计单位的数据定期全量拷贝到审计系统服务器上;按需采集方式,指通过利用ETL工具,对数据进行提取、转换、加载,按照审计整理需要抽取的数据从被审计单位定时进行抽取;直连方式;指通过PLSQL、ODBC等直连工具与审计对象数据库对接,直接调用审计对象数据进行审查。针对银行开展基于大数据的内部控制审计,尽量采取按需采集方式采取数据方法,该方法进行采取数据,数据冗余较少、效率较高、采集速度较快。

二、数据分析

采集了数据之后,要对数据进行分析,针对银行审计辅助系统来说,"分析数据"就是"建立模型",通过建立"模型"对数据进行分析,得维方式、分析能力等方面有很高的要求,对于如何做好出疑点数据。模型的目的性、准确性对内部控制审计实施审计目标起决定性的作用,建立模型主要有三个步骤:①明确目的,建立模型时首先要知道查什么违规行为,如:信贷资金流入员工账户,审计人员要明确该模型是员工行为方面,是否存在员工使用客户信贷资金;②分析特征,其次要对该违规行为的特征进行分析,违规行为的产生都有其一定的轨迹和特性,如:信贷资金流入员工账户,首次是要确定是信贷资金,其次要分析信贷资金的走向,资金流入的客户与员工信息表映射,该客户是否为员工;③建立模型,指通过对违规特征分析找到与其相关联的数据,审计人员或科技人员将行为通过SQL等查询语言转化为数据,建立模型对审计人员的科技水平提出了比较高的要求。

三、数据核查

数据核查指建模分析出来的疑点数据组织人员进行核查,每条疑点数据都代表着可能存在的一个问题,核查所要做的就是核实疑点是否属实,是否存在问题,必要时分析问题产生的原因。

数据核查主要两种方法:

(1) 直接核查,根据交易记录直接进入系统核查,主要针对违规现象比较明显、有合理的依据直接认定为违规的情况。

(2) 间接检查,指无法直接认定为违规的情况,开展内部控制审计时可根据疑点数据对相关资料进行抽查,带走疑点数据与书面资料、实地走访、谈话等相结合方式进行核实情况,该方法加强了内部控制审计的目的性和针对性,检查效率比一般检查明显更高。

第三节 基于大数据的增值型内部审计

一、对增值型内部审计范畴的理解

内部审计是一种独立客观的活动,目标是通过保证与咨询活动提高企业运作效率,帮助企业实现价值增值。内部审计采取规范化、系统化的方法,主要是对公司治理的风险管理等进行监督与评价,以提高工作效率,帮助企业实现目标。增值型内部审计的目标是为企业价值增值。

增值型内部审计有其自己独特的方法,主要通过大数据,实施大样本抽样技术,建立专家模拟实验模型,采取规范化、系统化的方法,对公司内部控制、治理程序、风险管理进行评价与咨询,不断加强监督功能比重,拓宽内部审计活动的覆盖范围。在履行评价功能时,必须保持独立性,对被审对象做出客观的评价,提高监督和评估的合法性和有效性。

二、增值型内部审计的本质特点

1. 增值型内部审计的目标必须与企业目标相吻合

企业管理的目标是实现企业价值最大化。增值型内部审计目标应与企业管理的目标高度吻合,在大数据背景下,针对企业出现的具体问题的分析转向了总体层面分析归纳,履行内部审计职责拓展到组织价值、改善组织的经营,促进实现组织目标。

2. 增值型内部审计策略的变化

在传统的内部审计中,审计人员与被审计对象有明显的层级关系,而大数据背景下强调审计人员与管理层全员共同参与审计意识,不仅要发现问题,制定审计计划,还要共同探讨改善措施,促进审计工作的实施和改善措施的执行。

3. 增值型内部审计业务范围和审计方法的变化

传统内部审计只是侧重于审查会计核算审计、经济事项、内部控制业务审计、企业绩效责任审计的某一部分。而增值型内部审计扩展到可以为企业价值增值的领域,被审对象的内部控制、公司治理风险等领域都是增值型内部审计的范围。以往的内审,主要通过对历史性时间的回顾与评价,提出改进建议,而大数据背景下增值型内部审计主要预测经营风向,进行事前防范和事中控制。审计周期的变化,以往按照审计周期进行审计,而大数据增值型内部审计通常不以周期进行审计,审计项目是持续的、间断审计及重点审计,审计方法多种多样,避免了以往的简单重复,提高了效力,在内部控制方面也有所创新,更加着重于方法的灵活性。

4. 增值型内部审计重视审计增值活动的变化

传统的内部审计服务重在监督与评价,而大数据增值型内部审计主张积极主动地关注企业风险及运营情况,从增值型内部审计的目标着手,充分利用现有的审计资源,积极开展有利于增加企业价值的确认、咨询活动。

三、基于大数据的增值型内部审计发展策略

1. 拓展内部审计增值职能

内部审计的基本职能是以查错防弊为主,对企业提供的财务信息的真实性和合法性进

行监督、评价。随着公司治理机制的完善,财务软件在越来越多的企业中普遍使用,企业提供的会计信息和财务资料的正确性也越来越高,以查错防弊为主的内部审计职能已经不能满足企业完善经营管理的需要,业务范围应向内部控制、风险管理、公司治理等领域拓展,要充分发挥内部审计的增值功能,打破这种职能和业务范围的局限性,大力开展能够为企业增加价值的增值型内部审计服务。

(1) 建立良好的公司治理环境,通过制定规章制度来约束企业各层人员,规范公司治理行为,加强企业文化的建设,宣传企业价值观。

(2) 内部审计人员可以利用其丰富的专业知识和工作经验,以及对各部门的熟悉程度,担任管理层的咨询顾问,帮助管理层加深对内部控制、风险管理、公司治理等各领域的认识,及时发现问题,并提出解决措施,从而增加企业价值。再次,内部审计参与到管理层的自我评估中,对管理层的自我评估过程进行监督、评价,并给予指导,提出建议,这样不仅可以提高内部审计效率,还可以帮助管理层更有效地发现公司治理中可能存在的问题和漏洞,以便及时解决。

(3) 随着计算机的应用及信息技术的普及,信息系统对企业的经营管理越来越重要,内部审计也可以参与到企业信息技术、信息系统的开发过程中,对企业引进的这些信息技术和系统的安全性进行监督、评价,保证信息系统安全运行,提高企业的经营管理效率,增加企业价值。

2. 依托大数据,建立科学的审计质量控制体系

审计质量的控制贯穿于整个审计程序,要增加企业价值,发挥内部审计的增值功能,就必须依托科学的大数据建立一个审计质量控制体系。针对增值型内部审计质量控制在我国的现状及存在的问题,应从以下几点着手来完善:

(1) 完善增值型内部审计质量评价标准。评价标准是一个完善的增值型内部审计质量控制体系的必备要素,制定出可操作性强的质量控制标准,对内部审计机构的设置,内部审计人员的职业道德和内部审计准则以及增值型内部审计工作的完成情况等进行评价,衡量质量高低。

(2) 完善增值型内部审计质量控制标准。随着法律法规的完善,内部审计的质量控制标准对企业增值型内部审计质量的控制在不断地提高。被审对象应根据自身的实际情况,制定出一个有利于企业增值型内部审计质量提高的质量控制标准,明确责任,提高内部审计的规范化水平。

(3) 完善增值型内部审计考核标准。企业应建立严密的监督、复核制度,定期或不定期的检查内部审计人员的工作进度及效果。在审计工作的实施过程中以及审计工作完成后,对增值型内部审计的绩效进行考核,并适当地采取奖励措施,重视增值型内部审计质量控制意识,提高企业整体的内部审计工作质量。

3. 完善增值型内部审计的监督评价机制

一个完善的监督评价机制重在对内部审计进行绩效考核,这就需要建立有效的评价机制对内部审计部门工作绩效进行评价、监督。对审计人员的胜任能力进行监督评价;对审计的执行过程进行监督评价;对审计效果进行评价。

4. 增强内部审计模式科学性,提高内部审计部门独立性

增值型内部审计是强调内部审计增值功能服务于公司治理理念,必须依托于具体

的内部审计组织、人员和流程,同时也有赖于内部审计的合理独立性。应建立科学的大数据分析内部审计模式,渗入企业关键流程,充分了解企业经营情况,发挥价值增值功能。

5. 优化内审人员知识结构

增值型内部审计理念与职能范围的拓展,要求内部审计人员必须具备较高的综合素质和较全面的专业技能,其知识结构应多元化,对公司的管理要有全面的了解。为了顺应内部审计发展的需要,审计部门中仅仅有会计、审计人员是不够的,不足以满足信息化、管理化的增值型内部审计的需要,还需要有计算机、信息技术、经营管理、风险管理及法律等方面的专业人才。建立一支综合能力强,技术水平高的复合型内部审计队伍,优化内部审计人员结构,也是当下应对复杂内部审计环境的重要途径。

第四节 基于大数据的信用卡审计方法

一、商业银行的信用卡业务内部审计现状

商业银行对信用卡业务的重视程度不断增加,信用卡客户量、发卡量和刷卡量近几年屡创新高。但随着信用卡业务规模的激增,用卡环境日趋复杂,审计工作也面临着诸多的困难。当前我国商业银行信用卡业务审计方法不够有效,风险管控机制不够成熟,信用卡业务的审计效果不尽人意。

1. 审计抽样效率不高

信用卡业务发卡量、交易量、合作商户数量较大,现场审计的时间、人力等资源又较为有限,如果按照传统业务审计方法采用样本统计抽样和经验抽样,存在很大的偶然性,很难锁定风险问题,容易遗漏非抽样样本的风险点,无法满足信用卡审计目标的要求。

2. 审计分析方法落后

商业银行的信用卡审计分析系统大多建立在对信贷业务审计需求之上,贷款业务和信用卡业务在业务渠道、风险控制要点、交易渠道、交易笔数等方面存在较大的差异,信用卡业务日常所产生的巨额交易数据远超贷款业务数据,用传审计手段和技术难以处理海量数据并精准定位问题数据,这对商业银行信用卡审计手段和方法提出了更高的要求,而目前商业银行落后的审计分析方法无法满足信用卡业务日益复杂的审计要求。

3. 信息科技审计专业人才缺乏

随着信息技术在信用卡业务中的应用和推广,商业银行在日常的信用卡营销和发卡环节中使用便携式发卡机、网络虚拟卡、营销 App 等新的信息技术。但是,在商业银行内部审计队伍中,精通信用卡业务并掌握信息科技的复合型内部审计人才较少,难以满足当前日趋复杂的信用卡审计项目要求,无法及时发现并揭示由新技术带来的风险隐患。

二、商业银行信用卡业务的主要风险

信用卡业务的不同阶段都可能导致风险的累积,从而对商业银行造成损失:①在卡片申请阶段,由于银行和客户之间存在信息的不对等,仅依据申请人提供的个人基本信息、资

产证明和收入水平等资料,有可能使银行对申请人的还款能力和意愿做出不准确的评估,造成不恰当的发卡和额度审批;②在卡片使用阶段,由于商业银行缺乏有效风险监控手段,未能及时发现客户的违规使用行为,往往会对商业银行造成商业信誉与经济损失。信用卡业务的各个环节所存在的风险都会导致信用卡违约风险的暴露。

1. 持卡人的信用风险

(1) 套现透支。信用卡提现额度有限,满足不了部分持卡人员的资金需求,由此会产生套现、恶意透支的动机,持卡人通过 POS 机或者第三方支付平台做虚假交易以过度获取高额现金。这种行为加大了信用卡业务的信用风险。

(2) 养卡透支。部分持卡人由于过度消费,造成信用卡偿还困难,利用多家银行的信用卡进行循环套现,该行为一方面会因套现手续费过高,加大借款人资金压力;另一方面日积月累的养卡透支会加重持卡人的资金负担、导致持卡人资金链断裂、信用卡逾期,同时造成多家银行资金损失。

2. 发卡和支付的操作风险

自 2007 年 5 月银监会发布《商业银行操作风险管理指引》以来,商业银行开始重视信用卡操作风险管理体系的建设。对于信用卡业务来讲,其风险具有复杂性、多样性、分散性和易发性的特点,风险管理相对滞后,存在诸多问题。①部分银行为了抢占市场,只重视发卡量,而忽视对风险的管理和控制。银行员工为了获取业务绩效,对信用卡申请人员的审核不严格,甚至极端情况下或者自身或者通过中介机构帮助申请人伪造资料以获取信用卡;②支付环节的安全性较低,存在被盗刷的风险。移动支付时代下信用卡通常会绑定手机 App 进行支付,安全性较低,信用卡存在被盗刷的情况,造成银行资金损失或银行的声誉风险。

3. 外部欺诈风险

(1) 持卡人信息泄露风险。特约商户或者其经办人员,通过持卡人在消费过程中掌握卡片信息,对卡片进行复制、伪造信用卡进行盗刷,或根据卡片信息进行欺诈,这种行为严重侵犯了银行和持卡人的合法利益,扰乱了信用卡市场的秩序。

(2) 不法分子利用"空壳"公司进行欺诈。为规避银行"三亲一访"制度,不法分子注册"空壳"公司伪造申请人信息,大批量获取银行授信,骗取银行资金,或者帮助不符合资质的人员取得信用卡,以获取巨额手续费等。

三、基于大数据技术的信用卡审计方法与工具

在大数据背景下,作为"第三道防线"的内部审计部门如何能够充分利用信用卡海量与宝贵的数据资源,如何利用大数据和金融科技手段揭示信用卡业务中的风险,从而提升信用卡业务审计的质量,已成为内部审计部门面临的一个重要难题。传统的信用卡审计方法大多是通过数据库分析工具或统计分析方法对信用卡数据进行处理,为审计提供一个较为粗糙的风险线索或抽样结果,但是大数据时代下的审计人员在面对多源头、跨业务且类型多样的信用卡大数据处理时遇到了较大的挑战。基于大数据的审计分析和监测方法可为解决这一难题提供思路和方法上的支撑,将大数据分析技术应用在信用卡内部审计工作中,能够提升商业银行对信用卡业务审计中的风险事件识别和监控能力。

本章小结

本章通过对基于大数据的银行内部控制审计是增强银行内部控制功能的基础性平台。探索大数据审计可以对内部各项业务发展情况进行有效的分析,从而揭示了银行内部控制过程中的成效与不足,为加强银行的内部控制建设提供有效的理论借鉴。

习题七

1. 简述现阶段我国银行内部控制存在的问题,并分析为何大数据方法能够适用于改善这些问题。
2. 基于大数据的银行内部控制方法有哪些？请一一列举并举例。
3. 基于大数据的银行信用卡审计方法有哪些？

第八章 基于大数据的高校内部控制

大数据时代,高校内部控制将会发生一系列变化,对高校内部的思维方式和工作方式等产生了重要影响,高校内部控制部门要充分利用信息化技术优化财务控制,加强对内部控制制度的建设。基于此,本文主要分析大数据时代的高职院校内部控制大数据制度建设。

第一节 大数据时代高校内部控制面临的问题

2012年11月29日,财政部以财会〔2012〕21号印发《行政事业单位内部控制规范(试行)》(以下简称《内部控制规范》)。随着内部控制规范在高校推行,多数高校取得了丰富管理经验。同时,我国进入了大数据时代,电子化信息等资源成为高校教学科研等各项事业工作的主要载体。在这种情况之下,大数据相关技术的出现也对高校内部控制工作也产生了重要影响。

1. 高校还没有完全适应《内部控制规范》的各项要求

高校实施《内部控制规范》前,大部分院校财务管理实行统一领导,分级管理。实施《内部控制规范》后,高校内部控制管理的主体应该是学校行政管理部门,院校财务部门只是对内部控制中财务部分进行日常管理。但实际上有的院校部门没有行使日常管理权,导致许多业务管理部门忽视内部控制要求。客体不全面的问题主要表现为对资产管理不重视。实施《内部控制规范》前,各部门主要侧重的是对这部分资产的实物形态管理,忽视资产形成过程及绩效管理。实施《内部控制规范》后,资产的形成和使用都将纳入内部控制的范围,资产严密管理才能达到内部控制规范的要求。许多高校还没有完全适应《内部控制规范》的各项要求,却立刻面临大数据时代到来对内部控制的冲击。

2. 大数据时代改变了高校信息处理方式

传统的数据沟通是建立在双方沟通的基础上,信息沟通会受到时间、地点、信息传递双方、中介者等因素的影响。而今,随着大数据跨系统、跨平台技术的发展,校内部各层级部门之间、学校与上级主管部门之间等都能依据大数据建立起有效的沟通渠道,现业务与管理层面的数据共享。高校许多教学科研活动都通过接入数据专网及时获取多方动态数据,从而降低了信息沟通的成本,避免在信息沟通过程中出现人为的误差,实现高校各项教学科研业务工作的提质增效。这就意味着大数据时代下高校内部控制面临的信息管理逐渐由多层级管理向扁平管理转变。传统的内部控制所基于的数据信息比较有限,高校面临着信息不对称的窘境,所做出的决策往往依赖于经验上形成各个层级汇总的数据。高校可通过大数据获取教学科研等各项业务最详细的过程动态信息,并根据过程动态数据分析的结果制定精准化的内部控制风险点。可以说,大数据使高校内部控制信息处理方式发生了巨大变化。

3. 大数据时代高校内部监督途径发生变化

大数据时代以后,高校内部监督可分为管理监督、业务监督等。对于各个业务层面工作人员而言,一方面高校内部控制信息没有不及时完整地向外界披露,另一方面业务层面各个内部控制信息反馈渠道受阻,导致无法形成一个良好的监督体系。因此,大数据时代改变了高校以往管理层面对业务层面的单向监督路径,大数据时代要求高校内部监督将是业务与管理双向互为监控的路径。内部控制作为高校内部管理必不可少的手段,需要顺应大数据时代的发展趋势,不断调整以适应大数据时代管理手段进步的要求。大数据时代所呈现给高校管理层面的海量数据,这就需要高校内部控制管理部门开展内部控制工作提供多方面数据服务,分析大数据时代高校内部控制面临问题的深层次原因,有利于高校寻找合适的《内部控制规范》实施路径。

第二节 大数据时代影响高校内部控制的成因

一、高校内部控制存在的主要问题

1. 内部控制意识淡薄

高校领导层往往会将重点放在教学、科研等业务上,尚未意识到滞后的内部控制导致的风险极易影响各项业务的开展,只是简单地将内部控制与审计混为一谈,抑或认为内部控制是财务审计等部门的工作,未认识到内部控制的作用是根源性的。由于领导层重视不够,在高校尚未建立起全员内部控制意识,最终导致内部控制效果不佳。

2. 内部控制程序不能体现高校工作特点

首先,从国家法规要求来看,实施《内部控制规范》后,内部控制主体发生变化,由财务部门为主的内部控制主体转变为以学校法人为代表的管理工作构成的全面内部控制主体。学校所有教科研管理部门、所有教职工人员都是内部控制中途。其次、许多高校没有考虑实施《内部控制规范》后内部控制工作重点放在内部控制环境、内部控制制度制定及执行监控等基础性工作上,忽略了内控制度运行有效是管理层的重要责任的情况。最后,实施《内部控制规范》后,高校各个管理部门没有从自身业务执行的角度考虑错误与舞弊,导致监督了其他人员,而忽略了自身部门的责任。最后,内部控制执行情况应该是学校绩效考核重要内容,需要考虑相关制度拟定的效果,也需要考虑相关内部控制执行的情况。

3. 业务分块管理导致缺乏统一的内部控制程序

高校内部控制涉及的内容较多,包括教学、科研、社会服务等,且院校普遍采取教学、科研、社会服务等业务分块管理的方式。这种管理方式导致有利于行政决策层工作简化,但是不利于学校财务资源配置效率。从长远来看,这就限制了内部控制最根本的目标是提高高校各项资源使用效率。分块的高校各管理部门职能部门各独自运转,缺乏良好的横向、纵向沟通机制,从业务执行单位来看,同一事项各分块职能部门的决策重复,甚至矛盾或是任务空白,在一定程度上影响了高校各业务单位执行效率,同时也给贪污舞弊滋生了土壤。

4. 内部控制团队信息处理能力不足

高校拥有海量的数据资源可供相关人员进行分析、决策,而完整、准确的数据资源能够大大提高决策效率与管理质量。但是这些资源要么是停留在传统的记录方式上,要么仅仅形成单一的数据库,导致信息资源利用率较低。

二、大数据背景下高校内部控制的审计流程

大数据下高校内部控制审计过程既有传统内部控制审计流程的特点,又具有大数据的特色。与传统内部控制审计过程相比较,高校大数据内部控制审计更加注重对审计模型的构建,以及对审计证据的收集与分析,所提供的审计证据将更加完善与充分。大数据背景下高校内部控制的审计流程如图8-1所示。

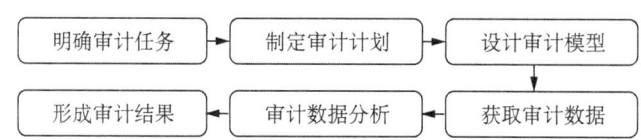

图 8-1 大数据下具体业务内部控制审计流程

1. 明确审计任务

内部控制审计的首要环节,就是确定审计任务,制定审计目标。只有确定目标,才能进行后续环节。高校内部控制审计总体目标是通过对大数据审计平台挖掘的战略目标、组织结构、内部监督、岗位职责等数据信息分析,评估内部控制存在的风险,促进高校内部控制制度的完善与执行的效果。

2. 制定审计计划

针对确定的审计任务,审计部门需要制定切实可行的审计工作方案,审计安排层层落实到人,并经由相关责任人审批后,即可按照审计计划实施审计工作。

3. 设计审计模型

(1) 根据业务关联关系构建审计模型。通过大数据挖掘到的数据,既来自学校内部财务业务系统数据,也来自互联网数据,以及第三方共享平台数据,数据之间具有一定的勾稽关系,因此,内部控制审计模型可以根据业务的关联关系建立审计模型,在高校内部业务数据之间、内部与外部数据之间相互核对,实施对具体审计业务的内部控制审计。

(2) 根据学校规章制度构建审计模型。高校科研经费审查是内部控制审计的一个重要内容。例如:使用科研经费出差的审计事项,需从出差的审批、出差人员、时间、地点、支出等方面着手审计。

(3) 根据审计人员的职业判断构建审计模型。有一些异常数据可能需要审计人员运用职业判断,根据以往审计经验快速提炼出可疑数据。

(4) 获取审计数据。对来自学校的内部数据与学校外部的数据进行抽取、转换、加载后按照数据分析的要求作进一步选择、整合后形成审计中间表。审计中间表可供后续审计直接运用,又可防止对原始数据的破坏。在数据库软件中可以专门建立审计中间库,用以存放

审计中间表。审计中间表可为高校内部控制审计提供数据支撑。

（5）审计数据分析。通过构建内部控制审计模型与获取审计的数据结合来看，可以发现一些审计风险点或审计疑点，需要审计人员凭借专业判断对审计风险疑点作进一步分析。

（6）形成审计结果。根据审计风险点评估结果，汇总审计风险疑点，并与学校相关部门责任人进行沟通，对风险疑点进行取证，进一步明确原因。审计人员层层分析与总结后，形成痕迹结果，提交审计报告。

第三节 大数据时代高校加强内部控制建设的措施

1. 建立完善的业务流程控制制度

（1）需要建立健全的业务差错控制机制。高校业务执行过程中内部控制发挥作用的关键点在于控制不可避免地会遇到业务执行过程中内部或外部的错误与偏差。其中业务执行过程中的错误直接导致内部控制管理目标难以实现，业务执行过程中的偏差将会导致内部控制体系理解存在问题。因此内部控制需要对业务执行流程控制，要进行错误与偏差的识别、分析与防范。内部控制业务流程控制执行过程中必须要求重要业务相关人员签署责任状，将责任落实到个人。

（2）要建立健全的经济责任制度。所有涉及经济事项的业务活动必须有事前、事中和事后三阶段控制。事前控制的重点是事先资金预算，必须考核资金预算的准确性，落实相关业务人员编制预算科学性和有效性的责任，要求所有业务单位必须参与预算编制，实现资源最优化配置。事中控制的重点在业务执行进度，对于资金执行较为缓慢的项目必须进行定期通报，对严重滞后的项目责任人追究相关责任。事后控制的重点在于资产管理，必须做到所有资产都有专人管理，定期进行盘点，并提交资产绩效报告，对相关资产管理所涉及的程序性工作和资产使用绩效需要进行定期评价，以便提高资产使用效率。

2. 建立良好的内部控制环境

内部控制环境是学校领导、各内设机构中层干部和广大教职工共同构成的。高校内部控制环境的首要因素是学校文化建设，形成良好的内部控制文化氛围，实现人人按内部控制规则办事，对出现的新业务形态按内部控制原则形成新的内部控制制度。高校内部控制环境的第二个因素学校教科研经济活动环境。当高校面临严重经济压力，则内部控制建设环境面临较大困难。相反，如果高校面临宽松经济环境，则比较容易形成良好的内部控制环境。

3. 提高相关业务和财务人员大数据处理能力

基于大数据的内部控制建设，需要相关业务和财务人具有现代化的信息处理能力。

（1）高校的内部控制相关各层次的业务人员和财务人员需要充分使用大数据中的各项信息，那么就需要有强大的数据处理处理能力，以应对海量数据形成数据处理压力。

（2）相关工作人员大数据处理能力培养的重点是大数据运用能力，促使相关工作能够快捷地从海量数据中抓取需要的信息。

（3）相关工作人员数据处理能力培养的手段是先进设备的使用，比如自动抓取软件使用、决策程序设置等等。

4. 建立适应大数据时代的内部控制信息系统

信息系统是内部控制重要因素之一。在大数据时代,信息系统发生了重要变化。信息系统不仅能够全面记录业务和财务执行过程中的每个细节,而且能够借助智能化的软件系统对大数据之间的关系进行深入分析。因此,在大数据时代实现高职院校内部控制工作的高效化,必须建立强大的内部控制信息系统。通过建立内部控制信息系统强化业务与财务各个环节的监控,全面约束业务执行流程,对内部控制大数据应用的提供信息平台,使内部控制信息系统能对各种财务、管理方案做出合理合法的监控。

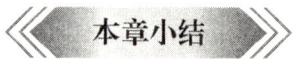

本章通过大数据时代,高校内部控制将会发生一系列变化,对高校内部的思维方式和工作方式等产生了重要影响,高校内部控制部门要充分利用信息化技术优化财务控制,加强对内部控制制度的建设。基于此,本章主要分析大数据时代的高校内部控制大数据制度建设。

1. 简述高校内部控制建设所存在的问题,产生这些问题的原因又是哪些?
2. 大数据时代高校更应该在哪一个方面加强内部控制,请阐释你的理由。